청년들이여, 부디
복음주의와 복음쥐를 분별하시라!

책을 내면서

1 마이클 호튼은 『그리스도 없는 기독교』(부흥과 개혁사, 2013)라는 제목의 책 3장에서 조엘 오스틴의 형통 복음과 같은 '그리스도 없는' 미국 기독교에 대해 분석과 처방을 내놓고 있다.

한국교회에서도 지난날 번영신학이 득세하면서 '그리스도 없는 기독교'의 양상들이 심각하게 드러난 바 있다. 세습, 성 문제, 금전 문제 등등 세속화 현상에 대해서 한국교회는 통절하게 회개하고 반성하는 분석과 처방의 담론들이 더 필요하다.[1]

최근 한기채 목사의 『한국교회의 7가지 죄』(두란노, 2021)라는 제목의 책을 읽었다. 공감되는 내용이었다. 이 책에서 한기채 목사는 한국교회의 일곱 가지의 죄들을 '내가 먼저 회개해야 할' 한국교회의 행태로 분류하고 있었다.[2]

1. 영적 남용　　　　　2. 공(公)의 사유화
3. 신앙생활의 사유화　　4. 친목과다 신드롬

---

[1] 필자는 번영신학이 갖고 있는 문제에 대해 졸고, 『여호와김왕의 면도칼』(세컨리폼, 2020)에서 조용기 목사의 설교와 저작을 중심으로 분석과 처방을 제시한 바 있다.

[2] 한기채, 『한국교회 7가지 죄』(두란노, 2021)

5. 공로자 신드롬　　　　　6. 송사 신드롬
7. 무례한 기독교

　그런데 필자는 여기에다 한국교회의 여덟 번째와 아홉 번째 죄 목록을 추가하고 싶다. 여덟 번째 죄로는 이 땅에서 '윤리'를 강조하는 일부 논객들의 담론을 들고 싶다. 이들이 한국교회의 극소수 '일부'가 드러낸 문제들을 윤리적 명분으로 비판하고 정죄하면서 한국교회 '전체'를 통째로 매도하는 태도에서, 필자는 마이클 호튼이 말한 '그리스도 없는 기독교'의 얼굴을 보게 된다.

　물론 한국교회의 세속화와 타락을 개탄하면서 윤리를 강조하는 것은 매우 당연하고 권장할만한 일이다. 그런데 그게 너무 도가 지나쳐서 '복음주의'적인 범주, 혹은 경계를 넘어서고 있다는 사실이 필자의 눈에 아프게 밟혔다. '일부'의 타락상에 대해 한국교회 '전체'의 타락이라는 프레임을 씌우고 한국교회 '전체'를 정죄하며, 공격하고 저주하는 태도들을 보면서 필자는 그런 논리에 전혀 동의할 수 없다는 생각을 갖게 되었다.

책을 내면서

다른 한편으로 필자는 그동안 한국교회가 그런 논객들이 윤리와 개혁의 완장을 차고 비판과 저주의 칼날을 마구 휘둘러 온 담론들에 대해 거의 침묵으로 일관해온 현상에 대해 매우 의아한 생각을 갖고 있다. 달리 말하면 그런 침묵이나 방관 그 자체가 또 다른 의미의 '죄'를 양산해왔다는 생각이다. 내친김에 필자는 이 현상을 한국교회의 아홉 번째 죄로 상정하고자 한다.

좌파 무신론 세력들은 그렇다 치더라도, 적어도 외형적인 직분상으로 볼 때 한국교회 '안'에 있다고 간주되는 세력이나 집단들까지 한국교회 전체를 동네북처럼 마구 두들겨 패 왔다. 그런데도 거기에 대해 거의 일언반구 없이 침묵함으로써 이미 한국교회는 한국 사회에서 패배자 집단이 된 듯한 느낌을 지울 수 없게 되었다. 좀 더 심하게 표현하자면 집단 바보가 된 느낌이다. 그래서 필자는 생각했다. 이건 겸손이 아니다. 비굴이라는 표현으로도 부족하다. 이건 그리스도 교회 수호와 복음 변증의 가장 기본적인 의무를 도외시한 무책임이고 죄악이다. 이런 생각을 필자는 어느 시점부터 하기 시작했던 것이다.

2 마이클 호튼은 앞서 소개된 책 제7장에서 '그리스도 없는 기독교'에 대해 저항해야 한다고 주장한다. 맥락은 많이 다르겠지만 마이클 호튼이 말한 그런 관점에서 필자가 쓴 책이 『손봉호 교수는 누구인가?』(세컨리폼, 2020)이다. 이 책에서 필자는 윤리를 강조하면서 한국교회를 정죄와 저주의 프레임으로 해체하는 논리를 펴왔던 손봉호 교수의 담론을 분석하고 비판한 바 있다. 그리고 이번 책은 『손봉호 교수는 누구인가?』(세컨리폼, 2020)의 확장·증보판 격이라고 보면 된다.

한국교회를 정죄와 저주의 프레임으로 공격해온 논자들의 담론들을 복음 변증의 관점에서 분석하고 해석하는 작업은 만만치 않은 작업이었다. 하지만 일단 시작한 이상 중도에 이 작업을 포기할 수는 없다. 이재철 목사, 김동호 목사, 홍정길 목사, 이찬수 목사, 손봉호 교수(김근주 박사), 이들은 편향의 관점들은 각기 다르지만 '윤리'를 강조하고 중시한다는 점에서, 그리고 그런 관점에서 한국교회 전체를 매우 부정적으로 비판하고 폄하하는 태도를 보여주고 있다는 점에서 한 자리에 초청받을만한 자격을 충분히 갖춘 분들이라는 생각을 하게 된다. 물론 윤리가 중요하긴 하지만, 〈복음주의〉의 맥락을 간과한 채 윤리만을 절대시할 때 어떤 문제들이 발생하는지에 대해 이 책에서 필자는 고민하고 살폈다. 이런 관점에서 필자는 이 책에서 이들 담론 주체들이 의식적·무의식적으로 드러내는 문제들을 분석하고 그 의미들을 해석하기 위해 나름대로 노력했음을 밝힌다.

3 이 책이 시작된 1차적인 계기는 재작년 초인가 코로나19 팬데믹이 이 땅에 본격적으로 시작되었을 때, 이재철 목사가 코로나 팬데믹이 하나님께서 한국교회를 향해 대포를 쏘는 '종교개혁'의 의미를 갖는다고 말한 내용을 들었을 때였다. 너무 놀라서, 왜 그가 이런 말을 하게 되었는지 궁금해서 그의 설교들을 듣기 시작했다. 그의 설교를 열 몇 편 듣고나서부터 그의 사고의 코드를 읽을 수 있었고, 그 코드를 읽은 죄(?)로 이 책을 시작하게 된 것이다.

4 이재철 목사의 담론을 분석하다 보니 한국교회에서 '윤리'를 내세우면서 한국교회 '전체'를 비판해온 사람들의 담론들을 분석하여 일괄적으로 재정리를 할 필요를 느꼈다. 그래서 김동호 목사,

홍정길 목사가 추가되고, 앞서 『손봉호 교수는 누구인가?』(세컨리폼, 2020)에서 다루었던 이찬수 목사와 손봉호 교수, 김근주 박사의 담론을 이 책의 관점에서 재해석하는 작업을 거쳐서 한 편의 책으로 내게 된 것이다.[3] 이 책이 『손봉호 교수는 누구인가?』(세컨리폼, 2020)의 확장·증보판 격이 된 이유는 바로 여기에 있다.

5 그렇지만 『손봉호 교수는 누구인가?』에서 다루었던 내용과 이 책에서 다루는 이찬수 목사와 손봉호 교수, 그리고 김근주 박사의 담론에 대한 해석은 단순한 동어반복이 아니다. 〈복음주의〉와 〈복음쥐〉를 분별해야 한다는 이 책의 명제에 의해[4] 이들의 담론이 재해석되었다고 보면 된다.

---

3) 김근주 박사의 담론 분석은 손 교수의 그것과 병행해서 진행된다. 양자 사이에 일정한 이념적 친화성이 있다고 판단되었기 때문이다.

4) 이 책에서 〈복음쥐〉는 스스로 복음주의를 자처하고 있거나 그렇게 간주되고 있지만 의식적인 혹은 무의식적인 수준에서 순수한 〈복음주의〉가 아니라 특정 이데올로기를 그 사고의 기저로 삼고 있는 입장들을 포괄하는 용어로 사용되고 있다. 세세한 논의는 이재철 목사의 담론 분석에서부터 구체적으로 이루어질 것이다.

6 필자는 지난날 한국교회의 일부가 복음을 축복으로 마케팅함으로써 한국교회 세속화를 야기해 온 작금의 현상들을 복음주의의 진리로 다시 극복하고 회복해야 할 필요를 절감하고 있는 사람들 중의 한 사람이다. 이와 동시에 필자는, 한국교회의 세속화와 윤리적 타락을 비판해온 적지 않은 담론 주체들이 윤리 혹은 개혁이라는 '완장'을 차고서 거의 무소불위의 칼날을 한국교회 안팎에서 휘두른 것으로 판단하고 있다.

물론 이들의 순기능적 역할을 부인하는 것은 절대 아니다. 세속화의 양상을 보인 한국교회에 대해 비판하고 충고하는 것은 너무나 당연한 생산적인 작업이 아닐 수 없다. 하지만 윤리를 강조하는 일부 담론 주체들이 건전한 비판과 충고의 수준을 넘어서서 '일부' 교회의 타락상을 빌미로 한국교회 '전체'를 매도하고 저주하는 수위에까지 이른 현상들을 그냥 방치해서는 안 된다는 것이 필자의 판단이다. 왜냐하면 이런 담론들 속에는 한국교회의 존립과 존재 이유를 부정하는 해체 논리들이 의식적·무의식적으로 숨겨져 있다고 필자는 봤기 때문이다. 이런 관점에서 필자는 그동안 한국교회 안팎에서 문화 권력과 종교 권력의 중심으로 자리해 온 윤리 담론들에 대해 〈복음주의〉의 관점에서 반성하고 성찰해볼 필요가 있다고 생각한다. 좀 더 간단히 말하면 한국교회는 '복음'을 '축복' 혹은 '성장'으로 마케팅한 〈복음쥐〉(기복주의 혹은 축복지상주의 혹은 번영신학)를 〈복음주의〉와 분별할 수 있어야 한다. 그와 동시에 한국교회는 '복음'을 '윤리' 혹은 '개혁'으로 마케팅한 〈복음쥐〉(바리새적 나르시시즘/윤리 마케팅/교회개혁 마케팅/윤리 포퓰리즘/교회해체론 등등)를 〈복음주의〉와 분별할 수 있어야 한다.

부디 이 땅의 청년들이 이 두 종류의 〈복음쥐〉들을 진정한 〈복음주의〉와 분별할 수 있는 수준으로 훈련받고 성장하여 성경적인 〈복음주의〉, 부활의 복음으로 재무장하시게 되기를 바란다. 그리하여 이 청년들이 한국교회를 새롭게 하는 복음의 전사가 되고, 자신이 처한 영역에서 하나님의 주권을 일상 속에서 매 순간 선포하며 실천하며, 〈복음주의〉의 가치를 정치·경제·문화적으로 구현해 나가는 자유민주주의 대한민국의 건전한 시민들이 다 되시기를 기도하고 소망한다.

7 '복음쥐'는 〈복음주의〉와 발음이 비슷하다는 점에서 필자가 만들
어낸 용어다. '복음주의'를 좀 빠르게 발음하면 '복음쥐'로 들리지
않는가. 이런 관점에서 이 용어는 좌파들이 이명박 전 대통령에게 사
용했던 '쥐' 프레임과는 구별되어야 한다. 후자는 상대방을 혐오적인
인지 대상으로 만들고자 하는 전형적인 프레임 논리가 들어있다. 하지
만 필자가 이 책에서 사용하는 '복음쥐'라는 용어는 '복음주의'를 표방
하지만 '복음주의'가 아니라는 맥락에서 '복음주의'와 구분되는 변별
적 개념으로만 국한되어 사용되고 있음을 여기서 분명히 밝혀둔다.

8 이 책을 쓰는 과정에서 많이 피곤하고 힘들었다. 꼭 이런 책을
써야 하느냐는 회의가 가끔씩 찾아오기도 했다. 하지만 복음
주의를 이 땅에 공고히 세우기 위해서는 이런 작업이 꼭 필요하다는
생각으로 고비고비를 아슬아슬하게 넘겼다. 부족한 목사를 위해 늘
기도해주시는 주안교회 성도님들께 감사를 드린다. 부족한 사람을 늘
격려해주시는 최홍준 목사님께 감사를 전한다. 어려운 목회의 길을
같이 가면서 격려와 배려를 아끼지 않으시는 신일교회 이동원 목사님

께 이 자리를 빌어 감사를 전하고 싶다. 못나고 미련한 이 사람 때문에 더 많이 기도해야 했고 더 많이 사랑해야 했고 더 많이 인내해야 했을 가족들에게 이 지면을 통해 감사와 사랑을 전한다.

이 땅의 기독 청년들이 열정과 사랑을 갖고 있으면서도 복음의 진실한 메시지를 들을 수 있는 기회를 갖기가 쉽지 않은 시대를 살고 있습니다. 이 책의 저자가 올바르게 지적하고 있는 것처럼, '축복' 혹은 '성장'으로 마케팅한 '복음쥐'[1]도 진정한 의미의 복음주의와 구분이 되어야 합니다. 그리고 또한 '윤리' 혹은 '개혁'으로 마케팅한 복음쥐, 바리새적 나르시시즘[2], 윤리 마케팅, 교회개혁 마케팅, 윤리 포퓰리즘, 교회해체론 등도 진정한 복음주의와 분명하게 분별되어야 합니다.

서론에서 저자는 글을 쓰게 된 동기와 관련하여 아래와 같이 설명하고 있습니다.

> 한국교회의 세속화와 윤리적 타락을 비판해온 적지 않은 담론 주체들이 윤리 혹은 개혁이라는 '완장'을 차고서 거의 무소불위의 칼날을 한국교회 안팎에서 휘둘렀다는 판단을 하고 있다. 물론 이들의 순기능적 역할을 부인하는 것은 절대 아니다. 세속화의 양상을 보인 한국교회에 대해 비판

---

1) 본서에서 '복음쥐'는 스스로 복음주의를 자처하고 있거나 그렇게 간주되고 있지만 의식적으로 혹은 무의식적인 수준에서 순수한 〈복음주의〉가 아니라 특정 이데올로기를 그 사고의 기저로 삼고 있는 입장들을 포괄적으로 지칭하는 용어로 사용되고 있습니다.
2) 윤리로 포장된 이데올로기 속에서 자신은 항상 선하고 옳다는 미망에 빠져서 늘 타인을 비판하고 정죄하는 상태. 박남훈, 〈손봉호 교수는 누구인가?〉 (세컨리폼 2020), 117면.

하고 충고하는 것은 너무나 당연한 생산적인 작업이 아닐 수 없다. 하지만 윤리를 강조하는 일부 담론 주체들이 건전한 비판과 충고의 수준을 넘어서서 '일부' 교회의 타락상을 빌미로 한국교회 '전체'를 매도하고 저주하는 수위에까지 이른 현상들은 그냥 방치해서는 안된다는 것이 필자의 판단이다. 왜냐하면 이런 담론들 속에는 한국교회의 존립과 존재 이유를 부정하는 해체 논리들이 의식적으로 무의식적으로 숨겨져 있다고 필자는 봤기 때문이다. 이런 관점에서 필자는 그동안 한국교회 안팎에서 문화권력과 종교권력의 중심으로 자리해온 윤리 담론들에 대해 <복음주의>의 관점에서 반성하고 성찰해볼 필요가 있다고 생각한다.

복음화와 사회적 책임을 동시에 실천해야 한다는 명제가 진정한 복음주의가 지향해야 하는 과제이자 숙제입니다. 하지만 이 양자 중에서 사회적인 책임 쪽으로만 복음을 해석하고 행동할 가능성이 청년들, 특히 윤리를 중시하는 젊은 법률가들에게 열려 있습니다. 이런 의미에서 법조계를 포함하여 다양한 정치·사회·문화영역에서 영역주권을 행사하기 희망하는 기독 청년들에게 예방적 차원의 가르침으로, 장래의 방향성에 대한 지침으로, 이 책은 이 시대에 유의미한 메시지를 전하고 있다고 생각합니다.

저자는 진정한 의미의 복음주의에 대해 다시 한번 돌아보고, 복음주의의 의미에 대한 재정립의 필요성에 대해 언급하였습니다. 진정한 의미에서의 복음주의란, 본서에서 언급된 마틴 로이드 존스 목사님의 저서에서와 같이 본질적인 사람의 타락에 대한 인정과 사람은 허물과 죄로 인하여 죽었으며 영적인 선을 조금도 행할 능력이 없는 존재임을 인정하는 데서 출발하는 것입니다. 또한 본서에서 소개된 알리스터 맥그래스의 여섯 가지 기본 확신의 내용처럼 복음주의는 하나님을 아는 지식의 원천이자 그리스도인으로서 삶의 지침으로서 성경의 권위를 존중하고 죄인의 구주이신 예수 그리스도의 위엄을 인정하며 성령의 주되심을 인정하고 인격적 회심을 하는 것에서 출발합니다. 복음주의를 지나치게 좁고 엄격하게 해석하는 것도 위험하지만 지나치게 개방적이고 느슨하게 정의하는 것도 위험하기는 마찬가지입니다. 비복음적인 이데올로기적 요소들을 복음주의적인 것으로 수용하게 만드는 위험이 도사리고 있기 때문입니다. 이 땅의 많은 청년들이 이러한 유사복음 혹은 '복음쥐'의 미혹에 빠지지 않고 "뱀 같이 지혜롭고 비둘기 같이 순결하라(마 10:16)"는 말씀처럼 진정한 복음주의를 분별할 수 있는 지혜를 갖게 되기를 소망해봅니다.

저주 프레임과 바리새적 나르시시즘으로 장착된 '복음쥐', 복음주의의 이름으로 이데올로기 명령을 수행하는 '복음쥐', 사회주의가 약자중심의 윤리라는 환상에 빠진 '복음쥐' 등 이 시대에 존재하는 여러 '복음쥐'의 덫에 대한 분석이 이 책에서 이루어집니다. 이재철 목사님의 윤리담론, 김동호 목사님의 교회개혁 담론, 손봉호 교수님의 윤리담론, 홍정길 목사님, 이찬수 목사님의 설교 내용에 대한 분석 및 김근주 박사님의 저서에 대한 분석을 읽어나가면서 교회의 윤리적인 측면을 강조하는 윤리담론 및 개혁을 주장하는 입장의 위험성에 대해 재평가할 수 있게 되었습니다. 저자의 분석처럼 좋은 의도에서 출발되고, 본인은 복음주의자일지라도 그가 주장하는 윤리 담론이나 개혁 담론은 양의 문이신 예수 그리스도가 아니라 집단적 바리새적 나르시시즘 혹은 정치적 올바름(PC)의 논리로 흘러가기 쉽다는 지적을 그냥 흘려들어서는 안 됩니다. 양의 문이신 예수님을 통과하지 않은 이데올로기 담론일 가능성이 있기 때문이며, 이러한 위험성에 대해 경계해야 할 필요가 있기 때문입니다.

"도둑이 오는 것은 도둑질하고 죽이고 멸망시키려는 것뿐이요 내가 온 것은 양으로 생명을 얻게 하고 더 풍성히 얻게 하려는 것이라 나는 선한 목자라 선한 목자는 양들을 위하여 목숨을 버리거니와 삯꾼은 목자가 아니요 양도 제 양이 아니라 이리가 오는 것을 보면 양을 버리고 달아나나니 이리가 양을 물어 가고 또 헤치느니라 달아나는 것은 그가 삯꾼인 까닭에 양을 돌보지 아니함이나 나는 선한 목자라 나는 내 양을 알고 양도 나를 아는 것이 아버지께서 나를 아시고 내가 아버지를 아는 것 같으니 나는 양을 위하여 목숨을 버리노라."라고 하신(요 10:10~15) 말씀처럼 우리는 진정한 목자이자 양의 문이신 예수님의 목소리에 귀를 기울여야 하고, 윤리나 이데올로기는 양의 문이 될 수 없음을 이 땅의 청년들은 인정할 수 있어야 합니다. 그래야 크리스천입니다. 그렇지 않으면 크리스천 비슷한 이데올로지스트일 뿐입니다.

본서의 가치는 이러한 윤리나 개혁을 표방한 이데올로기 담론의 위험성에 대해 경고하고, 청년층을 비롯한 독자에 '복음쥐'와 대비되는 진정한 복음주의의 의미를 다시 한번 일깨워 주는 데 있다고 생각합니다. 청년 시절에 이러한 미혹에 빠지지 않기를 간절히 소망하는 저자의 진정성 어린 메시지를 이 책을 읽어나가면서 점점 더 깊이 공감하게 됩니다. 청년의 때에 하나님을 기억하고, '복음쥐'와 진정한 복음주의를 분별하는 가운데, '부활의 복음으로 재무장하여 자신이 처한 영역에서 하나님의 주권을 실천하며 진정한 복음주의의 가치를 정치, 경제, 문화적으로 구현해나가는 자유민주주의 대한민국의 건전한 시민들이 되기를 소망하는' 저자의 목소리가 저와 동일한 입장에 있는 많은 청년들에게 공감될 수 있기를 기원합니다.

　마지막으로 기독변증과 문화비평 시리즈 제1편 『손봉호 교수는 누구인가?』에 이어 이 책 작업을 통해 복음 변증을 위해 수고해주신 박남훈 목사님께 깊은 존경과 감사의 마음을 표합니다.

심지현(청년/국제변호사 워싱턴 D.C. & 캘리포니아 주)

변증적, 지성적 복음주의가 이 시대에 필요하다

이상독(좌파사상연구소 소장)

(이상독 씨는 필자—박남훈—가 만들어낸 가공의 인물이다. '이상적 독자'의 줄임말이다. 그러니까 이 추천사는 가공의 이름을 빈 일종의 자천사(自薦辭)임을 밝힌다.)

박남훈 목사가 추천사를 부탁한다면서 원고를 이메일로 보내왔다. 무슨 내용일지 몹시 궁금했다. 『손봉호 교수는 누구인가』를 썼던 그가 이번에는 어떤 문제의식과 고뇌와 묵상을 담은 책을 썼을까?

그가 책머리에서 언급한 말들이 가슴에 와닿았다. 한국교회는 과거 축복과 성장을 마케팅했던 기복주의와 성장주의를 반성해야 하는 동시에, 세속화된 한국교회를 윤리와 개혁의 논리로 비판하고 폄하하며 거의 저주 수준으로 공격했던 일련의 윤리담론에 대해서도 반성해야 한다는 그의 주장에 대해 공감되는 점이 많았다는 얘기다.

그렇게 보면 그가 썼던 『여호와김 왕의 면도칼』은 축복과 성장 일변도의 번영신학에 대한 반성의 담론에 해당된다. 그리고 『손봉호 교수는 누구인가』와 이번 책은 그의 표현대로 '윤리와 개혁', '마케팅'의 혐의를 부분적으로 드러내고 있는 윤리담론들에 대한 반성의 담론에 해당된다고 볼 수 있겠다. 그리고 이 세 권의 책을 통해서 저자는 철저히 복음주의에 근거하는 태도로 일관하고 있다는 판단을 하게 된다. 다시 말해서 그는 축복주의와 윤리주의의 파고 속에서 위기를 맞고 있는 한국교회를 복음주의 관점에서 사수하고자 하는 복음주의자의 행보를 견지하고자 그 나름대로 애쓰고 있다는 말이다.

이러한 그의 일련의 글쓰기가 분석적이면서도 통합적인 지성주의적 복음주의에 입각하고 있다는 점에서 나는 든든함을 느낀다. 단순히 이념편향적으로, 특정 교단신학으로, 어느 한편을 비판하고 폄하하는 태도가 아니라는 점에서 그렇다. 그가 신학을 시작하기 전, 문학박사학위를 받기 전후 문학평론가로서 활동했던 기간 동안, 그리고 그 이후에도, 경제적으로 정신적으로 영적으로 몹시 힘들고 고통스러운 시간을 보냈다는 풍문을 간접적으로 전해 들은 바 있는데, 어쨌든 이런 과거의 경력이 그로 하여금 이런 시각을 확보하게 만든 고난과 훈련의 시간들이 아니었겠는가, 라는 생각도 하게 된다(물론 내가 보기에도 그는 여전히 둔하고 부족하고 모자라고 허점투성인 구석들이 많지만).

『청년들이여, 부디 〈복음주의〉와 〈복음쥐〉를 분별하시라』

이 책이 이 땅의 젊은 크리스천들에게 많이 읽히게 되고, 진지하고 성실한 복음주의자들에게 많이 읽히게 되고, 특히 비복음주의권에 속해 있는 분들에게 더 많이 더 널리 더 깊이 읽히게 되는, 상호소통의 담론 공간이 되기를 소망해본다.

Contents

Contents

Chapter 7 청년들이 〈복음주의〉와 〈복음쥐〉를 분별할 때 한국교회
가 살고 대한민국의 미래가 열린다

• Chapter 1 •

우리 시대의
〈복음주의〉와 〈복음쥐〉

청년들이여, 부디
〈복음주의〉와 〈복음쥐〉를
분별하시라

1-1
들어가기

　필자가 쓴 〈손봉호 교수는 누구인가?〉(2020, 세컨리폼)에 대해 김근주 박사가 '뉴스앤조이'에 비판의 글을 올렸다. 정작 본인인 필자는 모르고 있었는데 지인이 알려주었다. 네이버에 비판 기사가 올려진 시각(2020.2.14.)에서 며칠 지났을 무렵이었다. 무명 저자가 쓴 책을 언급해준 것, 약간 고맙기는 했지만, 그건 일순간의 생각이었다.

　'뉴스앤조이'가 어떤 매체인가. "성 소수자, 친노동자, 페미니즘, 민중신학, 퀴어 신학, 반기득권, 좌파 성향의 인물 및 단체에 대한 호의적 감정"을 드러내고 있는, 그래서 "개신교 기준으로 상당히 왼쪽에 위치한 기독교 좌파 언론"(나무위키)으로 공공연하게 알려져 있는 매체가 아닌가. 거기다가 김근주 박사는 필자가 『손봉호 교수는 누구인가?』라는 책 속에서, 그의 저서 『복음의 공공성』을 손봉호 교수의 이데올로기 지향성과 관련하여 함께 비판한 사람이 아닌가. 그래서 사실 필자는 김근주 박사가 필자의 책에 대해 뭐라고 언급했는지는 전혀 궁금하지 않았다. 뻔하지 않은가. 진영 논리로 날카롭게 가다듬은 편향적 잣대로 칼질하지 않았겠는가.

사나흘인가 일부러 시간을 죽인 후, 그리고 몇 차례 길게 심호흡을 한 후 그의 글을 읽어 내려갔다. 그가 휘두르는 칼날이 내 심장 주변을 들쑤시고 들어왔지만, 인내심을 갖고 읽었다. '논리의 비약', '개념의 혼동', '자료의 왜곡' 등등의 표현들이 보였다. '나쁜 책'이라는 표현도 보였다. '반면교사 역할을 하기에는 좋은 책'이라는 빈정거림도 들렸다. '불온'이라는 단어도 보였다. 최근 손봉호 교수를 공격하는 메시지들이 많이 나타난 시점을 나름대로 추론하면서 '가짜 뉴스 공장처럼 조직화된', '특정한 조직'의 화이트리스트의 존재를 추정해내는 놀라운(?) 음모론적 상상력을 보여주기도 했다. '자료' 등등의 언급에서는 '내가 학위논문 심사를 받고 있는 것인가?'라는 착각이 들기도 했다.

굳이 한마디 하자면, 글쓰기는 많은 자료들을 섭렵한 후 선택과 집중을 하는 것이지, 모든 자료들을 다 언급하고 다루는 것이 아니다. 한 편의 글을 쓰기 위해서는 주제와 관련된 자료들을 해석하고 선택해서 논리적인 선을 만들어 나가야 한다. 왜 손 교수의 저작들을 다 읽고 언급하지 않았느냐는 뜬금없는 지적질에도 필자는 인내심을 갖고서 읽어 내려갔다.

그런데 그날 필자가 끝내 인내하며 지나칠 수 없는 표현이 딱 한 군데 있었다. 그건 김 박사의 글은 아니었다. 어차피 그의 글에 나오는 그어떤 표현도 감내할 각오가 되어 있었기 때문이었다. 근데 정작 필자를 참을 수 없게 만든 구절은 '개봉동박목사'라는 필명의 '뉴스앤조이' 기자가 「손봉호 교수가 사회주의혁명의 전사, 한국교회의 적?」이라는 제목의 김 박사 글을 인터넷에 올리면서 부제로 붙여놓은 표현이었다. 그 구절은 이랬다.

"⟨손봉호 교수는 누구인가?⟩⟨세컨리폼⟩는 어떤 책인가…. 복음주의 개혁 진영 향한 왜곡 정보, 반복 재생산되어 유통."

이 표현을 두세 번인가 읽고 나서야 그 의미를 깨닫고 필자도 모르게 속으로 웃음이 터져 나왔다. 그러니까 그 기자와 김근주 박사, 손봉호 교수, 그리고 뉴스앤조이는 '복음주의 개혁 진영'이라는 말이 아닌가. 그리고 필자를 포함해서 이들과 반대되는 입장에 서 있는 사람들은 '복음주의 개혁 진영'을 향해 '왜곡 정보'(김근주 박사의 표현으로는 '가짜 뉴스')를 '반복 재생산'하고 '유통'시키는 자들이라는 말이 아닌가.

사실 이 책의 제목에 ⟨복음주의⟩와 ⟨복음쥐⟩라는 표현이 들어가게 된 계기는 그러니까 그때 2020년 2월, 필자가 '복음주의 개혁 진영'이라는 뜬금없는 여덟 글자가 '뉴스앤조이' 기사 제목에 박혀 있는 것을 봤던 순간 이미 배태된 것이다.

누가 ⟨복음주의⟩인가? 그리고 누가 ⟨복음주의⟩가 아닌가? 그때 나는 언젠가 그 '뉴스앤조이' 기자에게, 김근주 박사에게, 손봉호 교수에게, 그리고 이른바 '복음주의 개혁 진영'을 자처하는 '뉴스앤조이'들에게, 앞의 질문에 대해 반드시 답변해야만 한다는 강력한 메시지를 내부로부터 듣고 있었다.

다시 생각하는 〈복음주의〉의 요건

〈복음〉과 〈복음주의〉는 그 내포적·외연적 의미가 같기도 하고 다르기도 하다. 이와 관련된 신학적 논쟁을 여기서 지루하게 나열하고 싶지 않다. 여기서는 양자의 공유적 개념을 새삼 확인하고자 한다. 사도 바울은 「고린도전서」 15장 1절~11절에서 사도들이 선포하는 〈복음〉을 요약한다. 그것은 한마디로 '그리스도의 죽음과 부활의 복음'이다. 사도 바울은 〈복음〉을 네 마디(헬라어 4개의 구절들)로 요약한다(3절 하−5절).

    a) 그리스도가 우리 죄를 위해서 성경대로 죽었다는 것(3절 하),

    b) 그리고 그가 장사되었다는 것(4절 상),

    c) 그리고 그가 사흘 만에 성경대로 일으켜졌다는 것(4절 하),

    d) 그리고 그가 게바에게 나타났다(보여졌다)는 것(5절).[5]

---

5) 김세윤, 『복음이란 무엇인가』(두란노, 2020), 17~18면.

복음주의에 대해 논하자면 마틴 로이드 존스 목사의 책『복음주의는 무엇인가』(2020, 복 있는 사람)를 먼저 들고 싶다.

이 책에서 그는 복음주의 정의와 관련하여 교리의 중요성을 강조하면서 교리와 신조에 관한 태도를 분명하게 정리하는 접근을 보여주고 있다.[6] 그의 정의를 간략하게 요약하면 다음과 같다.

(1) 복음주의는 성경을 보존한다. 성경은 유일하고 충분한 최고의 권위를 가진다. 성경은 성령으로 감동되었고 절대 신뢰할 수 있으며, 성경은 믿음과 행위에 관한 모든 문제들에 '최고의' 권위를 가지고 있다. 그리고 우리는 구약과 신약 성경에 기록된 기적들의 문자적 진실성과 역사성을 믿어야 한다.

(2) 복음주의자는 창조에 관한 성경의 가르침을 수용하며, 사람들이 지지하는 특정한 이론이 무엇이든 관계없이 진화론에 기초를 두지 않는다.

(3) 성경의 모든 부분의 온전성과 상호연관성을 받아들여야 한다. 우리가 믿는 복음과 믿음은 그저 세상에 있는 가르침의 하나가 아니다. 그것은 철학이 아니다. 그것은 기본적으로 역사다.

(4) 성경 전체가 참되다는 것을 뒷받침하는 두 가지 증거가 있다. 하나는 말씀 그 자체 안에서 성령이 행하시는 외적인 증거다. 그리고 다른 하나는 성령이 우리 안에서 행하시는 내적인 증거다. 이것이 하나님의

---

6) 복음주의 정의는 매우 다양하다. 그래서 복음주의는 '미끄럽고 반질반질해서 붙잡기가 어려운(slippery)' 개념이며 '다루기 까다롭고 미묘하고 복잡하다(tricky)'는 표현을 얻고 있다. (이재근, 『세계 복음주의 지형도』(복있는사람, 2015), 17~20면 참조.)

말씀이라는 확신을 우리 삶에 심어준다.

(5) 복음주의는 첫사람의 역사적 타락 사실을 강조해야 한다. 그 사건이 창세기 3장에 기록된 방식으로 발생했다는 사실을 강조해야 한다. 복음주의는 창세기 3장의 역사성뿐만 아니라 거기에 기록된 타락에 관한 기록도 받아들여야 한다. 그것을 역사로 받아들이지 않는다면 우리의 신앙에서 가장 위로되는 사실, 즉 「창세기」 3장 15절에 기록된 원시복음 역시 배제하게 된다.

(6) 복음주의는 마귀와 그에 대한 영들의 존재를 믿는다는 사실을 강조해야 한다. 어떤 의미에서 성경은 하나님의 세력과 마귀의 세력이 벌이는 전쟁에 관한 기록이다.

(7) 복음주의는 사람이 영적으로 죽었다는 사실과 '허물과 죄로 죽은'–약간의 결핍이 아니라–상태이므로 영적인 선을 조금도 행할 능력이 없다는 사실을 믿는다. 사람이 스스로 분발하기만 하면 하나님을 믿고 그분에게 나아갈 수 있다는 말은 사실이 아니라고 복음주의는 생각한다.

(8) 복음주의는 속죄 교리에 이르러서는 속죄의 대속적 측면과 요소, 대리 형벌을 특별히 강조해야 한다. 복음주의는 오직 믿음으로 의롭다 함을 얻는다는 교리를 각별히 강조해야 한다.

(9) 복음주의는 교리의 순수성, 성례의 순수성을 믿고 권징을 믿어야 한다. 권징이 참된 교회의 삶에 본질임을 강조해야 한다.[7]

---

7) 여기까지는 마틴 로이드 존스, 『복음주의란 무엇인가』(복있는사람, 2020), 103~126면 참조.

(10) 복음주의는 성경의 진리를 하나라도 빼지 말아야 하며, 거기에 하나라도 더하지 말아야 한다. "18 내가 이 두루마리의 예언의 말씀을 듣는 모든 사람에게 증언하노니 만일 누구든지 이것들 외에 더하면 하나님이 이 두루마리에 기록된 재앙들을 그에게 더하실 것이요 19 만일 누구든지 이 두루마리의 예언의 말씀에서 제하여 버리면 하나님이 이 두루마리에 기록된 생명나무와 및 거룩한 성에 참여함을 제하여 버리시리라"(계22:18-19).[8]

(11) 복음주의자는 항상 깨어있는 사람이다. "우리의 씨름은 혈과 육을 상대하는 것이 아니요 통치자들과 권세들과 이 어둠의 세상 주관자들과 하늘에 있는 악의 영들을 상대함이라"(엡6:12).[9]

(12) 복음주의자는 이성을 신뢰하지 않되, 특히 철학 형식을 취한 이성을 신뢰하지 않는다.[10]

　마틴 로이드 존스 목사는 복음주의 논의와 관련하여 본질적인 정의들을 이상과 같이 밝히고 있다. 그러면서 그는 이런 본질적인 것들 외에 비본질적인 문제들도 중요하긴 하지만, 단, 그런 문제들 때문에 서로 분열되어서는 안 된다, 서로 돕도록 노력하는 자세가 중요하다고 권면한다. 그가 이렇게 조심스럽게 복음주의 논의에 접근하는 이유는, 그가 복음주의 정의와 관련된 교리와 신조를 다룰 때, 피해야 할 위험성

---

8) 앞의 책, 58~63면 참조.
9) 앞의 책, 65~67면 참조.
10) 앞의 책, 67~73면 참조.

을 매우 민감하게 의식하고 있기 때문이다.

한편 알리스터 맥그래스는 복음주의는 서로 연결된 여섯 가지의 지배적 확신에 기초해 있다고 말한다. 이 확신들은 분명 '교리적'인 것은 아니다. 이 여섯 가지 확신은 신자가 살아 계신 그리스도와 구속적이고 경험적인 만남을 갖는 방식을 강조한다는 점에서 오히려 '실존적'이라고 맥그래스는 주장한다. 여섯 가지 기본 확신이란 다음과 같다.

1. 하나님을 아는 지식의 원천이자 그리스도인의 삶의 지침으로서 성경이 갖는 최고의 권위.
2. 성육신하신 하나님이시자 주님이시며 죄인의 구주이신 예수 그리스도의 위엄.
3. 성령의 주되심.
4. 인격적 회심의 필요성.
5. 개별 그리스도인과 교회 전체의 복음전도의 우선성.
6. 영적 양육, 친교, 성장을 위한 기독교 공동체의 중요성[11]

맥그래스는 이 여섯 가지만 제외한 다른 문제들은 관용과 다양성을 인정하면서 다루어야 할 '부차적인 것'으로 간주할 수 있다고 말한다.

이와 비슷한 맥락에서 마틴 로이드 존스 목사는 앞서 인용된 『복음주의는 무엇인가』라는 책 속에서 복음주의를 논할 때 잘못된 구분에 따

---

11) 알리스터 맥그래스, 『복음주의와 기독교의 미래』(IVP, 2018), 66~67면.

르는 위험성을 경계하고 있다.

첫 번째 위험은 복음주의를 지나치게 좁고 엄격하며 상세하게 정의하는 것이다. 이것을 위험하다고 하는 이유는 이것이 이른바 교회 분열로 이어지기 때문이다. 여기서 분열이란 신앙의 본질적인 요소에는 일치하지만 본질적이지 않은 요소에는 일치하지 않는다는 이유로 갈라지는 것이다. 분열은 몸을 찢는 행위이므로 삼가 조심해야 한다는 것이다.[12]

두 번째 위험은 첫 번째와 정반대의 위치에 놓여 있다. 이것은 지나치게 넓고 개방적이며 느슨해진 나머지 결국 정의하려는 시도조차 무의미하게 만드는 위험이다. 오늘의 현실을 보면 오히려 이것이 더 큰 위험이 아닌가 싶을 정도다. 왜냐하면 우리는 교회일치(에큐메니컬) 운동의 시대라 불릴 만한 시대에 살고 있기 때문이다.[13]

앞서 살펴본 알리스터 맥그레스의 전제와 로이드 존스의 복음주의 정의의 전제들은 뉴스앤조이 같은 매체에서 스스로 자신들을 '복음주의 개혁진영'이라고 부르고 있는 현실을 조망할 때에도 반드시 참조할만한 가치를 갖는다.

첫 번째로 지금 여기 한국교회와 관련해서 복음주의를 지나치게 좁고 엄격하고 상세하게 정의하는 위험, 즉 신앙의 본질적인 요소에는 일치하지만 본질적이지 않은 요소에는 일치하지 않는다는 이유로 분리하고 갈라질 위험은 당연히 피해야 한다.

---

12) 마틴 로이드 존스, 이길상 역, 『복음주의란 무엇인가?』(복 있는 사람, 2020), 26~27면.
13) 앞의 책, 32~38면 참조.

두 번째는 첫 번째의 위험을 피하기 위해 복음주의를 지나치게 개방적이고 느슨하게 정의할 때 야기될 수 있는 위험이다. 로이드 존스 목사가 언급했듯이 이 두 번째가 첫 번째보다 더 큰 위험이 될 가능성이 높다는 사실에 필자는 공감과 지지를 보낸다. 왜냐하면 우리 시대도 교회일치(에큐메니컬) 운동의 시대에 살고 있기 때문이고, 특히 좌파적 사고가 교회에 침투해 들어와 교회를 해체하고자 하는 시도가 그 어느 시기보다도 더 강력하게 이루어지고 있는 것이 작금의 상황이기 때문이다.

그런데 이 두 가지 위험의 전제 외에도 복음주의를 정의하는 작업을 어렵게 만드는 요인들이 적어도 두 가지 이상 더 존재한다. 그것은 1973년 로잔 협약에서 '복음화와 사회적 관심은 불가분적'이라는 명제로 그리스도인의 사회적 책임을 강조한 사건과 관련된다. 로잔 협약 이후 이 시대의 복음주의는 교회의 사회적 관심과 책임을 더한층 강조하는 동시에 구원의 개념 또한 개인 구원과 더불어 사회적, 생태계의 구원에 이르는 총체적 구원을 지향한다. 이런 연유로 인해 복음주의의 정의, 그리고 교리와 신조를 이러한 상황과 결부시켜 논의한다는 게 매우 복잡하고 어려워졌다. 한국교회는 이런 복잡다단한 신학적, 문화적, 정치적 상황에 직면하여 복음주의의 정의를 좀 더 정밀하게 살펴볼 필요가 있다. 〈복음주의〉와 스스로 복음주의라고 자처하지만, 복음주의가 아닌 것들, 복음주의와 비슷하지만 복음주의가 아닌 가짜, 즉 〈복음쥐〉[14]를 분별하는 작업이 절실하다고 느끼게 된 것이다.

---

14) 〈복음쥐〉는 〈복음주의〉가 아니면서 〈복음주의〉 흉내를 내면서 〈복음주의〉인 척하는 일련의 태도들을 포함하는 개념이다. 그 결과로 〈복음쥐〉는 복음을 약화시키고 파괴하며 해체하는 역할을 의식적·무의식적으

청년들과의 대화: 〈복음주의〉와 〈복음쥐〉를 분별합시다

사실 복음주의는 중심적인 주제들을 건드리지 않는 한 다양성을 인정할 준비가 되어 있어야 한다. 위대한 청교도 작가인 리처드 백스터가 남긴 지혜로운 명언—"본질적인 것에는 일치를, 비본질적인 것에서는 자유를, 모든 일에는 사랑을"—을 늘 유념할 필요가 있다. 반면에 우리는 또한 복음주의의 다양한 부류들 사이에 명백한 '가족적 유사성'이 충분하기 때문에 신학적 방법론에 관한 한 어느 정도의 일반화가 가능하다는 사실도 주지해야 한다.[15]

다만 앞서 전제했듯이 이 책은 복음주의 정의의 기준들을 중심으로 해서 〈복음주의〉와 〈복음주의〉를 흉내 내거나 〈복음주의〉로 위장한 〈복음쥐〉를 분별하고자 하는 목적을 갖는다. 〈복음주의〉를 빨리 발음하면 〈복음쥐〉로 들린다는 사실에 착안해서 〈복음주의〉와 유사복음주

로 수행하게 된다. 반복해서 하는 말이지만 〈복음쥐〉는 발음상 〈복음주의〉와 비슷하다. 〈복음주의〉를 빨리 발음하면 〈복음쥐〉로 들린다는 점에 필자가 착안해서 고안해낸 용어임을 다시 한 번 밝힌다.

15) 알리스터 맥그래스, 김선일 옮김, 『복음주의와 기독교적 지성』(IVP, 2020), 26면.

의(혹은 위장 복음주의), 즉 〈복음쥐〉를 분별하고자 하는 것이다.

필자가 보기에 한국교회로만 국한해서 생각해본다 해도, 복음주의에는 복음의 성경적 가치를 담보하고 있는 담론이 있는 반면, 복음주의를 자처하지만 복음주의를 훼손하여 그 본질을 흐리게 하고, 궁극적으로 복음의 본질을 파괴시키는(의식적이든 무의식적이든) 〈복음쥐〉 담론이 있다. 그런 〈복음쥐〉를 현재 이 땅에서의 〈복음주의〉 담론 중에서 분별해냄으로써 〈복음주의〉 신자들이 〈복음쥐〉의 미혹에 빠지지 않게하는 것이 이 책의 집필 목적이다.

앞서 언급되었지만 필자가 보기에 뉴스앤조이같은 매체는 '복음주의 개혁 진영'이 아니다. 〈복음주의〉에 〈개혁〉을 갖다 붙이면 어떤 화학적 작용이 일어나는지는 모르겠으나, 뉴스앤조이의 편집정책 기사 작성 정책을 보면, 분명히 이 매체는 〈복음주의〉가 아니라 〈복음쥐〉(더 정확하게 말하면 좌파 이데올로기)에 가깝다는 합리적 의심을 필자는 갖고 있다. '복음주의 개혁'도 〈복음주의〉의 정의에 충실해야 되는 것이지 '개혁'을 붙였다고 갑자기 다른 무엇이 되는 것이 아니기 때문이다. 필자는 뉴스앤조이와 같은 매체가 '복음주의 개혁 진영'을 자처하는 것은 〈복음주의〉의 정의가 지닌 복잡성의 틈새를 파고들어 오기 위한 일종의 알박기 전략이 아니냐는 합리적 의심을 갖고 있다. 뉴스앤조이에 대한 나무위키의 사전적 설명을 들어보면 다음과 같다.

뉴스앤조이에서 나타나는 성 소수자, 친노동자, 페미니즘, 민중신학, 퀴어 신학, 반기득권, 좌파 성향의 인물 및 단체에 대한 호의적 감정 등을 종합

해보면 한국 개신교 기준으로 상당히 왼쪽에 위치한 기독교 좌파 언론이라고 볼 수 있다.[16] 심지어 몇몇 교단에서 이단으로 결의된 바도 있다.[17]

교단명	연도/회기	결의	결의내용
대한예수교 장로회(고신)	2020/70	비성경적 반기독교적 언론	구독 광고 후원금지
대한예수교 장로회(합신)	2020/105	주의	구독 광고 후원 등에 주의

물론 필자의 관심은 뉴스앤조이 같은 매체에만 국한되지 않는다. 지금 한국교회 내외적으로 복음주의 정의와 개념과 관련하여 심각한 혼란과 착종현상이 일어나고 있다고 필자는 판단하고 있다. 분석과정을 통해 밝혀지겠지만 필자는 일단 〈복음주의〉를 표방하는 〈복음쥐〉의 유형을 크게 세 가지로 나누어서 논의하고자 한다.

(1) 복음쥐1 - 주 프레임과 바리새적 나르시시즘으로 장착된 복음쥐
(2) 복음쥐2 - 복음주의 이름으로 이데올로기 명령에 복무하는 복음쥐
(3) 복음쥐3 - 사회주의가 〈약자 중심의 윤리〉라는 환상에 빠진 복음쥐

위의 세 가지 유형은 서로 다른 사고에 근거하고 있지만 상호 공통점을 갖는다. 그것은 뒤에서 살펴보게 되겠지만 특유의 프레임을 갖고 있다는 점이며, 그 프레임은 한국교회에 대해 적대적이고 파괴적인 이데

---

16) 네이버 검색 중 〈나무위키〉에서 인용함.
17)

올로기를 의식적이든 무의식적이든 장착하고 있다는 점이다. 이데올로기와 비판 주체와의 상관성은 유형에 따라 달라지지만, 그 담론들의 기저에 이데올로기가 작동하고 있다는 면에서는 동일하다. 바로 이런 관점에서 이 세 유형은 한 묶음 속에서 세 갈래로 나뉘는바, 이는 매우 흥미로운 대목으로 생각된다.

　마지막으로 〈복음주의〉와 〈복음쥐〉를 분별해야 하는 이유를 몇 가지 밝히고 각론에 들어가기로 한다.

　첫 번째는 〈복음주의〉의 진리를 사수(死守)하고 파수(把守)하기 위해서다. 혹자는 이 책이 비판적이라고 비난할지도 모른다. 하지만 이 책은 오히려 방어적이며 변증적인 성격을 가진 것으로 이해되어야 한다. 이 책은 한국교회를 일정한 프레임에 의해 비판하고 정죄하고 부정하고 해체하는 사람들의 논지를 분석하면서 그 담론의 의미를 분석하고 설명하기 위한 목적을 갖기 때문에, 비판 자체가 목적일 수 없다. 복음주의적 사고와 전혀 관계없는 프레임으로 한국교회를 공격하는(물론 한국교회 안에는 많은 허물과 죄가 있고 사건·사고들이 종종 발생하는 것은 사실이다.) 비판 담론의 의미를 논의의 대상으로 삼기 때문에, 이 책의 근본 태도 혹은 전략은 변증적이라는 사실을 다시 한번 상기시키고 싶다.

　두 번째는 독자들로 하여금, 특히 청년들, 혹은 다음 세대로 하여금, 한국교회를 파괴하고 해체하는 〈복음쥐〉의 담론들을 분석 비판하고 제대로 분별할 수 있는 안목을 공유하기 위해서다. 지금 한국교회는 이단의 공격도 문제이지만 한국교회 '안'에 있다고 자처하면서 한국교회를 공격하는 〈복음쥐〉들의 폐해가 더 클 수도 있다는 합리적 의심을 필자는 갖고 있다.

세 번째는 앞서도 언급했지만 한국교회를 전체적으로 공격하고 정죄하며, 부정하고 심지어는 해체하려 하는 〈복음쥐〉 담론들에 대해 극소수의 경우를 제외하면 거의 방관 내지는 방치하고 있는 태도가 한국교회가 저질러 온 또 다른 차원의 죄라고 봤기 때문이다. 이런 소극적인 태도는 이 시대의 영적 전쟁과 문화전쟁의 상황 속에서 스스로 패배를 인정하는 직무유기이자 자살행위라는 생각을 필자는 갖고 있다. 〈복음주의〉의 적들은 한국교회 전체를 물어뜯고 집어삼키려고 떠들어대고 있지 않은가. 그럼에도 불구하고 정장 양복 입고 눈만 껌벅껌벅하면서 점잖은 소리 한두 마디 하는 것을 믿음이라고 생각하거나, 아니면 한마디 했다가 자신에게 되돌아올 손해를 계산하면서 아예 입 닫고 있는 목회자들이나 신학 교수들이 너무 많다는 생각이 들었기 때문이다.

네 번째는 이 글에서 사용되는 〈복음주의〉 개념에 대해 로잔회의의 성과가 좌우로 치우치지 않는 범위 안에서 반영해야 한다는 것이 필자의 관점이다. 1974년 로잔회의에서 발표된 로잔언약이 '복음주의 진영이 기독교 선교의 좁은 견해와 복음의 왜곡에 대항하기로 한 행동'이었음을[18] 이 땅의 복음주의권에서도 명심하고 유의할 필요가 있다고 생각되기 때문이다.

여기에는 두 가지 전제가 필요하다.

첫 번째 전제는, 제1회 세계복음화를 주제로 한 국제회의가 1974년 7월 6일에서 24일까지 스위스 로잔에서 개최되었는데, '20세기에 있어 가장 중요한 선교 대회 중의 하나'가 된 이 대회에서 '사회적-정치적 책임성이 교회의 선교 사역에 있어 가장 중요한 측면'임을 확인했다는 사실이다. 이 중요한 확인은 로잔언약 제5항에 잘 드러난다.

우리는 하나님께서 우리의 창조주이시며 모든 인류의 심판자이심을 확신한다. 그러므로 우리는 인간 사회를 통한 화해와 정의 그리고 인간에 대한 모든 종류의 압제로부터의 해방하시려는 하나님의 관심을 공유해야 한다. 인류는 하나님의 형상으로 창조되었기 때문에, 모든 사람은 인종, 종교, 색깔, 문화, 계층, 성과 연령에 상관없이 착취되는 것이 아닌, 존중받고 섬김을 받는, 본래의 존엄성을 소유하고 있다. 또한 여기서 우리는 복음과 사회적 관심이 상호 관련 없는 것으로 여겼던 것을 회개한다. 비록 인간의 화해가 하나님과의 화해와 다르고, 사회참여적 행동들과 복음화가 다르고, 정치적인 해방이 구원이 아니라 할지라도 우리는 복음과 사회·정치적 참여 두 가지 모두 우리 그리스도인의 의무 중에 중요한 부분이라는 것을 확신한다. ⟨…중략…⟩[19]

<small>18) 르네 빠딜라, 이문장 옮김, 『복음에 대한 새로운 이해』(도서출판 대장간, 2012), 18면.</small>
<small>19) _____. 앞의 책, 26면 재인용.</small>

그리고 두 번째 전제는 복음화(A)와 사회적 책임(B)과의 긴장 속에서 A를 생략하지 않고 B를 추구하는 것이 중요하다는 사실이다. A를 삭제해서도 안 되고 B를 삭제해서도 안 된다. A와 B의 상호적 긴장이 중요하다. 그런데 필자가 주목하는 것은 뉴스앤조이나 이 매체와 친화적인 이 땅의 좌파 준거집단들은 A를 삭제하고 B만을 내세우면서 그걸 '복음주의 개혁진영'으로 위장하거나 자처하고 있다는 합리적 의심을 필자가 갖고 있다는 사실은 앞서 이미 수차례 밝힌 바 있다.

Chapter 2

이재철 목사의 윤리 담론
속에 숨어 있는 바리새적
나르시시즘 혹은 X맨

청년들이여, 부디

〈복음주의〉와 〈복음쥐〉를

분별하시라

윤리적 분노, 한국교회의 타자화(他者化), 그리고 한국교회 저주 프레임

1 재작년인가 이재철 목사가 CBS 〈잘잘법〉 코너에서 "온라인예배가 제2의 종교개혁"이라는 논지로 행한 발언이 큰 파장을 일으켰다. 그는 이 코너에서, "지금 이 코로나 시국은 기독교 2천 년 역사상 미증유의 위기다. 1517년 루터가 종교개혁의 대포를 쐈는데, 2020년 온라인예배라는 대포를 하나님께서 한국교회를 향해 쏘고 계신다. 지금은 또 다른 제2의 종교개혁의 도래다."라고 말한 바 있다.

그는 코로나 사태에 대한 성경적 해석이라면서, 요한복음에서 예수님이 수가성 여인과 대화하시면서, "하나님은 영이시니 예배하는 자가 영과 진리로 예배할지니라."라고 말씀하신, 4장 24절 말씀을 들고 나왔다. 그러면서 그는 이제 한국교회는 교회 예배당이라는 장소 개념을 탈피해야 한다고 주장했다. 특정 예배당 공간이 우상화된 한국교회에 하나님께서 대포를 쏘셨다. 온라인예배가 새로운 장을 여는 기회가 된다. 이런 발언을 통해 그는 그가 사용한 단어처럼 한국교회를 향해 '대포'를 쏜 것이다.

몇몇 사람들이 유튜브상에서 이재철 목사의 발언에 대해 비판적 반응을 보였다. 그중에서 이정훈 교수의 반응과 안희환 목사의 반응을 간략히 살펴보기로 한다.

i) 먼저 이정훈 교수는 ① 영과 진리의 예배에 대한 이재철 목사의 견해에 이의를 제기한다. 그리고 ② 이재철 목사가 성도들이 온라인예배가 가져다주는 편의성을 즐기면서도 죄책감을 전혀 느끼지 않아도 되는 면죄부를 발급해주고 있다고 비판하고 있다. 특히 주목해야 할 사실은 이정훈 교수가 이재철 목사의 발언에 ③ 교회 건물을 건축한 분들을 적으로 돌리는 정치적인 의도가 있다고 지적한 대목이었다.

ii) 안희환 목사가 이재철 목사의 발언에 대해 논평한 내용을 간단하게 정리하면 대략 두 가지로 요약될 수 있다. ① 실수다. 그리고 ② 속지 말라, 이 두 가지다. 실수라고 한 것은 이재철 목사가 쌓아온 지금까지의 명망에 비춰볼 때 그의 이번 발언은 그야말로 '실수'로 보고 싶다는 뜻이 담겨 있다. 반면에 속지 말라는 발언은 이재철 목사의 이번 발언이 너무 심각한 내용을 담고 있기 때문에, 일반 성도들에게 그의 말에 절대로 속아서는 안 된다, 이런 경고의 의미를 담고 있다고 볼 수 있다.

필자도 이재철 목사의 이 발언을 처음 접했을 때, 도대체 그가 왜 이런 발언을 했을까, 도무지 이해가 되지 않았다. 하지만 그냥 지나칠 수가 없었다. 어쨌든 그는 한국교회에서 나름대로 일정한 영향력을 가진 목회자이기 때문이고, 그의 이런 발언이 한국교회와 성도들에게 부정적인 영향을 끼칠 가능성이 높다고 봤기 때문이었다.

그래서 일단 그의 설교들을 들어보고 나서 판단하기로 했다. 평소 그의 설교를 들은 적이 거의 없었기 때문에, 바쁜 시간에, 따로 짬을 내기가 쉽지 않았다. 그래서 운전할 때마다, 차에서 그의 설교를 들었다. 그때마다 조수석에 앉은 아내가 그의 윤리 담론 설교를 들으며 괴로워했지만. 현실적으로 이 방법밖에는 없었다. 나중에는 그것 가지고는 안 돼서, 걷기 운동을 할 때 이어폰으로 그의 설교들을 계속 경청했다.

왜 그가 그런 발언을 했는지, 그의 설교를 20편 정도를 들어보고 나서 뭔가 잡히는 게 없으면 그냥 지나쳐버리려고 했다. 솔직히 말해서, 제발 그랬으면 좋겠다는 생각을 했다. 그동안 필자도 솔직히 이재철 목사에 대해 그렇게 나쁘지 않은 인상을 갖고 있었기에, 그걸 깨뜨리기 싫었기 때문이었다. 아, 그런데, 불행인지 다행인지, 그의 설교를 열 편 정도 듣고 나서부터, 그가 왜 그런 발언을 했는지, 조금씩 그림이 그려지기 시작했다.

〈CBS 잘잘법〉에서 그가 한 발언은, 돌발적인 실수가 전혀 아니었다. 그런 표면적인 발언들의 이면에, 그로 하여금 그렇게 발언하게 만드는 어떤 담론 코드가 숨어 있다는 사실을 깨달았기 때문이었다. 이 깨달음이 맞다면, 그렇다면, 안희환 목사의 말처럼, 사람들로 하여금, 그의 말에 속지 않도록 하기 위해, 필자와 같이 무지몽매한 사람이라도 나설 수밖에 없다는 생각을 하게 됐다. 이정훈 교수의 말처럼, 이재철 목사의 윤리 담론 설교 속에는, 한국교회를 적대시하는 위험한 사고가 숨겨져 있었기 때문이었다. 그 위험은, 단순히, 사람들에게 예배를 편하게 드려도 양심의 가책이 느껴지지 않을 정도의 면죄부를 주는 그런 수준을 넘어서는 매우 치명적인 것이다, 이런 판단을 필자는 하고 있었다.

온라인예배가 제2의 종교개혁이라고 주장하는 그의 표면적 논지 전개를 살펴보면, 그 과정에 심상치 않은 극단적 이분법 논리가 작동하고 있었음을 필자는 알아챘다. 예를 들면, 이전의 현장 예배로 돌아가려는 사고를 교회 건물 우상화와 동일시하는 논리라든가, 현장 예배를 종교적 상업행위나 세속화와 곧바로 연결시키는 비약적 논리는 합리적인 인과 논리에서 많이 벗어나 있다는 생각을 하게 됐다. 이재철 목사로 하여금 그런 사고를 하게 만드는, 그의 사고 깊은 곳에 숨어 있는 코드의 정체는 도대체 무엇일까? 지금부터 같이 생각해보기로 한다.

2 이재철 목사는 한 설교 중에 이런 이야기를 하고 있었다. 장애 아를 자녀로 둔 어느 전도사님 가정과 관련된 이야기였다(앞으로 이 이야기를 편의상 'A사건'이라고 부르기로 한다). 장애 자녀를 가진 이 전도사님이 사역지를 구하고 있었는데, 그 자녀 때문에 여러 교회에서 계속 거절을 당했다고 했다. 그런데 이런 하소연을 전해 듣게 된 이재철 목사가 이 전도사님을 자신의 교회에 사역자로 청빙하게 되었고, 나중에는 이 전도사님 가정이 해외 사역지로 나가게 되었다는 이야기였다. 이재철 목사의 윤리적 덕목이 잘 드러나는 이야기가 아닌가. 적어도 여기까지는 무척이나 감동적인 이야기였다.

그런데 이재철 목사는 이 사건에 대해 이야기하는 도중, 만약 자신이 없었더라면 그 전도사님 가정이 어떻게 되었겠느냐며 격렬한 '분노'를 드러내면서 한국교회 전체를 경멸하고 적대시하는 사고를 드러내는 대목에 이르러 필자는 깜짝 놀랐다. 물론 한국교회 내에 사랑을 찾기가 힘들고 세상보다 더 세상적인 모습이 많다는 사실은 필자도 공감하지 않는 바는 아니었다. 하지만 그의 이러한 태도는 단순한 감정적 분출로만 이해하기 힘들었다.

이 이야기를 전하면서 이재철 목사는 한국교회와 자신을 날카롭게 분리시키고 있었다. 한국교회를 바라보는 이재철 목사의 인식준거는, 한국교회 '안'이 아니라 '밖'이었다. 한국교회와 자신 사이에 높다란 벽을 세운 후, 그 벽 너머 한국교회 전체를 비윤리적이라고 싸잡아 경멸하고 비판하고 적대시하는 이런 태도에서 필자는 당혹스러움을 느꼈다. 필자는 그의 이런 태도에서 낮고 담담하고 점잖은 어조로 이어지는 그의 윤리 담론 설교의 이면에 뭔가 심상찮은 심각한 코드가 숨겨져 있음을 직감적으로 읽을 수 있었던 것이다.

또 다른 예를 하나 들어보기로 한다. 이재철 목사는 한국교회가 사람에 대해 관심이 없고 사랑이 없다고 강조하는 설교 중에 이런 예를 끌어오고 있었다.

어떤 사람이 너무 고통스러워서 소주 먹고 자살하려다가, 문득 '마지막으로 교회에 가서 기도나 한번 해보고 죽자.' 이런 생각이 들어서, 어느 교회 수요예배 예배 중간에 소주 냄새를 피우며 들어갔다(이 이야기는 앞으로 편의상 'B'로 부르기로 한다).

그 교회 사람들이 이 분에 대해 어떻게 반응했을까? 순발력 있게 성령의 계시를 받고서, 곧바로 예배를 중지하고, 그 사람을 살리기 위해, 즉각적으로 자살 상담으로 들어갔을까? 물론 아니다. 당연히 예배를 방해하는 이상한 사람으로 몰려 쫓겨났다.

그런데 필자가 정작 충격을 받은 것은, 이재철 목사가 이 예화를 한국교회가 사람을 수용하지 못하고 있는 결정적인(?) 증거로 단정하고서, 예의 한국교회 전체를 사랑이 없는 집단으로 매도하고 있다는 사실이었다. 너무 극단적인 사례를 앞세워, 이걸 한국교회가 사랑이 없다는 결정적인(?) 증거로 몰아가는 그의 설교를 들으면서 필자는 한동안 어이가 없는 정도가 아니라 충격을 받았다. 소주 냄새 풍기면서 예배 중에 들어간 사람을 사랑으로 품을 수 있었어야 하지 않느냐. 탁월한 영적 감각으로 자살 직전의 상황이라는 것을 인지했어야 하지 않느냐. 그리고 즉각적으로 그 사람과 상담하여 그분의 영육간의 생명을 건져주는 영적 순발력을 발휘했어야 하지 않느냐. 이런 논리로 그 교회를 사람을 받아들이지 않는 한국교회의 전형적 모습으로 비판하고 있는 그를 도대체 어떻게 받아들여야 한단 말인가? 한동안 필자는 몹시 혼란스러웠다.

그러다가 그런 혼란 중에 문득 깨닫기 시작했다. 그건 일종의 딜레마적인 성격을 갖고 있는 이 사건을, 한국교회가 사랑이 없다는 결정적인 증거로 너무나 당당하게 내세우고 있는 그의 논리를 '황당하다, 이해할 수 없다'는 식으로 대응해서는 안 된다는 깨달음이었다. 앞의 A 이야기에서도 그랬듯이 '자신과 한국교회를 철저히 분리시킨 입장에서 특정

사건들을 통해 무조건 한국교회 전체를 타락과 세속화와 사랑 없음의 프레임 속에 가두어버리는 코드가 이재철 목사의 사고 속에 숨어 있다. 그걸 포착해서 사람들에게 설명해내는 분석 작업이 필요하다.' 이런 깨달음을 갖게 되었다는 말이다.

물론 한국교회의 세속화 현상에 대해 비판하는 것은 잘못이 아니다. 세속화 문제는 분명한 현실로서, 우리는 그 문제들을 직시하고 해결방안을 다 같이 고민하고 나누어야 한다. 그러나 한국교회 전체를 무조건 사랑이 없고 세속화에 빠진 집단으로 매도하면서 그렇게 비판하는 비판 주체, 즉 이재철 목사 자신은 항상 선하고 윤리적이라는 절대적 도그마에 빠져 있는 윤리 담론을 그대로 수용하거나 방치해서는 안 된다는 결론을 내리게 되었다.

사실 그의 윤리 담론 속에는 이정훈 교수가 직관적으로 지적했듯이 매우 위험한 정치 논리가 숨어 있었다. 안희환 목사의 말처럼 한국교회의 많은 성도들이 교묘하게 윤리로 포장된 이재철 목사의 담론 프레임에 속아 넘어가게 해서는 안 된다는 생각을 굳히게 된 것이었다.

나는 이재철 목사가 A와 B 사건과 관련하여 자신과 한국교회를 분리하는 사고를 보여준 점, 그리고 한국교회 전체에 대해 격렬한 '분노'와 '증오심'을 드러내는 태도를 접하게 되면서, 그의 이러한 태도를 어떻게 해석해야 하느냐는 고민에 한동안 빠져 있었다. '윤리적으로 남다르게 착한 일을 하면, 그런 일을 방관하고 외면한 집단에 대해 전체적으로 매도하고 경멸하고 증오할 수 있는 윤리적 심판의 면허증이나 자격증을 갖게 되는 것일까?' 이런 황당한 생각을 하기도 했다. 그러다가 짧지 않은 고민 끝에 비슷한 사례를 겪은 다른 목회자들이 한국교회에 대해 어떤 태도를 보여주고 있는지를 대비적으로 살펴볼 필요가 있다는 생각을 하게 되었다.

그래서 선한목자교회 유기성 목사가 이와 비슷한 사건들을 겪었을 때 어떻게 대응했는가를 생각해보았다. 개인적으로 필자는 선한목자교회 유기성 목사의 설교를 자주 듣는 편이었는데, 실제로 유 목사도 이재철 목사가 경험했던 사건과 유사한 경험을 설교 중에 토로했던 기억이 마침 떠올랐기 때문이기도 했다. 그런데 필자가 기억을 더듬어 곰곰이 생각해보니, 그런 설교 중에 유기성 목사는 이재철 목사와는 전혀 다른 반응을 보여주고 있었다.

유기성 목사는 다른 교회들이 외면했던 혹은 모르고 있었던 딱한 사정의 사람들이나 가정들을 자신과 자신의 교회가 챙기면서도, 다른 교회들에 대해 전혀 '분노'하지 않았다. 오히려 다른 교회가 감당하지 못한 일을, 하나님께서 특별히 자신을 사랑하셔서 자신과 자신의 교회에 맡겨주셨다고 말하면서, 어려운 형편에 있는 사람들이나 가정들을 도운 후 한국교회에 대한 '분노'는커녕 오히려 하나님께 감사하고 찬양했다는 간증을 하고 있었다.

이렇게 보면 이재철 목사와 유기성 목사는 비슷한 사례에 대해 너무나 대조적 반응을 보여주고 있다고 봐야 한다. 한 사람은 자신을 한국교회와 분리시킨 채 한국교회 전체에 대해 '분노'하면서 격렬한 '증오'를 표현하고 있었다. 반면, 또 한 사람은 하나님께서 다른 교회가 아닌 자신의 교회에 그런 섬김의 기회를 주시고 섬길 마음을 주신 것을 되려 감사하고 찬양하면서 여전히 한국교회 '안'에 자신의 정체성을 두고 있었기 때문이었다.

좀 더 깊이 생각해보면 이건 두 목회자의 성격 차이의 문제가 아니었다. 그것은 교회관의 차이이고, 신앙 색깔의 차이였다. 이재철 목사는 ① 한국교회의 세속화 문제와 관련하여 자신과 한국교회를 분리시키고, ② 자신은 선하고 한국교회 전체는 악하며 타락한 것으로 파악하는 시각을 보여주고 있었다.

철학에서 말하는 타자(他者) 개념을 빌어와서 설명하자면 그의 이런 태도는 한국교회의 타자화(他者化)로 설명될 수 있다. 이재철 목사의 시각에서 보면 한국교회는 주님이 머리가 되시고 자신이 그 속에 속해 있는, 하나님의 생명으로 충만한 그런 보편 교회가 아니다. 그의 시각으로 보면 한국교회는, 그의 분노·증오의 프레임 논리에 의해 구제불능의 심판 대상으로 규정됨으로써, 생명 없는 집단으로 대상화(對象化)되고 물화(物化)되고 있었다.

반면 유기성 목사의 경우는 한국교회 '안'에서 자신의 정체성을 발견한다. 한국교회 중 일부 교회들이 많은 문제점을 안고 있으며, 지상교회로서의 한계와 부족함을 드러내고 있음을 그도 절감한다. 하지만 유기성 목사는 자신도 죄성을 안고 살아가는 존재임을 직시하면서, 회개하고 통회하는 마음으로 한국교회를 위해 기도하고 있었다. 그리고 그런 가운데 주님이 머리가 되시는 보편 교회 안에서 자기동일성을 발견하는 태도를 보여주고 있었다. 이재철 목사가 한국교회를 타자(他者)로 인식하고 분노·증오의 프레임 논리로 한국교회 전체를 정죄하고 부정하고 있는 태도와는 대비되는 점이 아닐 수 없었다.

3 이재철 목사의 한국교회의 타자화와 분노·증오 프레임 논리가 지닌 문제들 중 한 가지만 우선 짚어본다. 그의 논리를 철학에서 말하는 실재론·유명론으로 보자면 그는 실재론의 입장에 서 있다고 볼 수 있다. 실재론은 보편이 실재한다는 전제를 바탕으로 하는 인식이며, 유명론은 보편이 없다는 전제를 바탕으로 한 인식이다. 이재철 목사가 자신이 경험한 몇몇 사건들을 통해 한국교회 전체를 타자화하고 분노·증오 프레임으로 한국교회를 정죄하고 비판하는 태도는 실재론에 가깝다고 할 수 있다. 자신이 겪은 몇몇 사건들을 통해서 한국교회 전체가 사랑이 없고 예의가 없으며 싸가지 없는 타락성을 보여주고 있다고 이재철 목사는 치를 떨면서 비판하고 있기 때문이다.

그런데 한국교회가 전체적으로 그렇다고 간주하는 그런 '실재론'적인 태도는 논리적으로 잘못된 것이다. 유기성 목사의 교회와 같은 교회들이 이 땅에 없지 않기 때문이다. 이재철 목사처럼, 혹은 그 이상으로 힘들고 어려운 사람들을 품고 섬기는 교회들이 이 땅에 적지 않기 때문이다. 그러므로 한국교회 전체를 '실재론'적으로 정죄하고 통박하는 이재철 목사의 태도는 근본적으로 잘못되었으며, 논리학적으로 보더라도 성급한 일반화의 오류나 미끄러진 경사(비약적 결론에 따른 거짓 원인)의 오류가 된다.

다른 예를 하나 들어보기로 한다. 2021년 12월 부산 금정구 부산대 인근 술집 출입구에 정규직 교수의 출입을 금지하는 '노 교수존(No Professor)'이라는 안내문이 곳곳에 붙어있었다. 이 안내문에는 "대단히 죄송합니다. 부산대학교 정규직 교수님들은 출입을 삼가주시길 부탁드립니다. 혹시 입장하셨다면 절대 스스로, 큰 소리로 신분을 밝히지 않길 부탁드립니다."라는 공지가 적혀 있었다고 한다. 술집 사장 A씨는 지난 11월 초에 이 안내문을 붙이고 '노 교수존'을 운영하기 시작했다. 1년 반 전부터 이 가게를 운영하면서 세 명의 '진상' 손님을 겪었는데, 모두 부산대 교수였다는 게 A씨의 설명이었다. A씨는 "60대로 보이는 손님 두 분이 오셔서 칵테일을 드시고 계산을 하는데 칩이 손상돼 카드 결제가 되지 않은 적이 있었다. 다른 결제수단을 요청하니 '내가 부산대 교수인데, 이 카드에 4500만원 들어있는데 왜 안돼'라고 호통을 쳤다."고 말했다.

그러다가 A씨는 '노 교수존' 관련 기사들이 매체들에 보도된 지 하루만에 공고문을 내렸다고 한다. 부산대 교수들이 "모든 교수를 (진상손님으로) 일반화하지 말아달라."라고 우려를 전달했기 때문이라고 했다. 그는 〈한겨레〉와의 인터뷰에서 "부산대교수협의회에서 (노교수존) 포스터를 내려달라고 요청해서 내렸다."라고 말했다. 그는 "교수 직업을 혐오하고 배척하는 게 아니라 '내가 낸데'라고 소리치는 무례함에 대한 혐오를 표현하기 때문에 괜찮다고 생각했다."라고 덧붙였다. 그러면서 교수협의회로부터 모든 교수를 진상손님으로 일반화하지 말라는 우려를 전달받고 자신도 "'노 교수존'이 혐오가 아니다."라고 말할 순 없어서 포스터를 내리기로 했다고 말했다.

필자는 여기서 일부 교회나 직분자들이 일으킨 윤리 문제를 갖고서 한국교회 전체를 매도하고 정죄하는 담론을 펼치는 사람들에게 최소한 이 술집 사장 A씨 정도의 인지능력을 갖추어주기를 강력히 요청한다. 한국교회에도 물론 진상손님들(윤리적 타락 사건을 일으키는 교회들이나 직분자들)이 없진 않다. 하지만 부산대 교수협의회가 모든 교수를 진상손님으로 일반화하지 말라는 요청을 했을 때 즉각적으로 술집 사장 A씨가 그 요청을 받아들였던 사실을 한국교회 안팎에 있는 윤리론자들도 기억하길 요청한다.

부산대 교수협의회처럼 한국교회도, 한국의 모든 교회가 '진상'은 아니다, 일부 '진상손님'을 한국교회 '전체'로 일반화해서 폄하하고 정죄하고 저주하지 말아달라고 정중하게 혹은 강력하게 윤리론자들에게 요청할 수 있는, 최소한의 자기방어적 인지능력을 한국교회가 갖추게 되기를 필자는 소망한다.

이 지점에서 어떤 사람들은 필자의 논리에 대해 반박을 단단히 벼르고 있을 것으로 생각한다. 그 반론은 이재철 목사가 '한국교회'를 '공교회'(보편교회)로 보면서 몇몇 자신의 경험을 바탕으로 해서 한국교회 '전체'를 정죄하고 비판하고 있다고 봐야 하지 않느냐는 항의가 될 것 같다. 다시 말해서 "한국교회 일부의 타락 현상을 보편교회로서 한국교회 전체의 타락으로 간주하고 정죄하며 비판할 수 있지 않느냐?"라는 논리가 대두될 수 있다는 말이다.

그런데 이 질문에 대한 답변은 매우 간단하다. 곧 뒤에 살펴보게 되겠지만 그 '보편교회'에 대한 정죄와 심판의 주권은 윤리를 내세우는 윤리 담론의 주체들에게 있지 않다. 그건 교회의 머리가 되시는 예수 그리스도의 주권 영역이다. 보편교회로서의 한국교회에 대한 판단과 심판은 이재철 목사의 몫이 아니라, 다른 윤리 담론 주체들의 특권이 아니라, 오직 예수 그리스도 그분께 있다는 말이다. 이런 관점에서 이재철 목사가 한국교회를 타자화하면서 분노·증오 프레임으로 한국교회 전체를 비판하고 정죄하는 것은 하나님의 주권 영역을 침해하는 행위가 아닌가, 필자는 생각한다.[20]

---

20) 물론 선지자적으로 하나님의 뜻을 전하는 것이 아니냐는 의견도 있을 수 있다. 하지만 '선지자적'이냐 아니냐는 윤리 담론 주체 스스로가 판단할 문제가 아니다. 필자는 윤리 담론을 분석함으로써 '선지자적'이냐 아니냐를 판단하는 방식을 이 책에서 일관되게 취하고 있음을 밝힌다. 만약 어떤 윤리 담론에서 〈복음〉이 아닌 〈이데올로기〉가 나타날 때 그 담론의 주체는 '선지자'가 아니라 이데올로지스트가 된다.

2-2

한국교회 저주 프레임과
바리새적 나르시시즘 신드롬

1 프레임이란 '선택과 배제를 통해 일정한 패턴으로 재조직하는 프 레이밍을 통해 특수한 의미를 부여하는' 인식의 틀로 이해된다.[21] 이런 정의에 의하자면 이재철 목사는 자기가 경험한 몇몇 사건들을 통 해 한국교회를 무조건적으로 사랑이 없으며 타락하고 세속화된 집단으 로, 즉 일정한 패턴으로 재조직하는 프레임 사고를 하고 있다고 볼 수 있다. 그는 자신이 경험한 사건들을 통해 일부 교회 혹은 일부 목회자 의 행태를 한국교회 전체의 타락으로 규정하는 일반화의 오류를 보여 주는데, 사실 바로 이게 일종의 프레임 사고다. 즉 그는 일부 교회가 갖 고 있었던 교회 건물에 대한 우상적인 집착 문제를 '선택'해서 모든 한 국교회가 건물 우상화에 빠져 있는 것으로 설명하고 평가한다. 결과적 으로 그는 그렇지 않은 교회들의 경우는 의도적으로 '배제'하는 담론 전략을 수행하고 있는 것이다. 앞에서 그는 A 예화를 들면서 다른 교 회에서 그 전도사님을 사역자로 받아들여 줄 가능성을 아예 '배제'해버

---

21) 김인영, 『2008년 촛불시위와 프레임 전쟁』(한국학술정보, 2011), 11~15면 참조.

리고 있음을 살펴본 바 있다. 그러니까 그는 '한국교회는 모두 다 개판이다. 사랑 없는 쓰레기들이다. 세속화로 철저히 망가져 있다.' 이런 일정한 패턴으로 한국교회에 대한 인식을 구성하는 프레이밍(framing) 작업을 하고 있는 것이다.

이재철 목사는 '교회 건물의 우상화'라는 말을 자주 쓴다. 그의 이런 설명에는 아무런 전제나 예외가 없다. 그의 담론에 나오는 설명과 평가에 의하면 한국교회는 모두 건물의 우상화에 빠져 있는 것으로 간주되고 있다. 이러한 그의 사고는 너무 지나치게 '과도하게 단순화된' 논리로서, 바로 이게 이재철 목사가 한국교회에 투영하고 있는 프레임의 한 축이 된다. 이러한 프레임은 윤리적 실망과 분노에 의해 한국교회를 타자화한 결과다.

필자는 '한국교회' 목사다. 필자는 개척 이후 지금까지 무려 17년 동안 전월세로 건물 2층을 교회 예배당으로 사용하고 있다(물론 자랑은 아니다). 그러면 필자는 무슨 우상화에 빠져 있는 것일까? 이재철 목사의 논리로 환원하자면 필자는 월세의 우상화에 빠져 있는 것일까? 너무 성급한 일반화의 오류가 아닌가?

이러한 이재철 목사의 선택과 배제의 프레임 논리는 그의 설교들 속에 빈번하게 노출되고 있다. 예를 들면, 그는 '헌금을 많이 하면 믿음이 좋은 것입니까?' 이런 질문을 자주 한다. 물론 맞는 말이다. 헌금을 많이 한다고 믿음이 다 좋은 것은 아니다. 헌금과 영성은 인과적인 상관관계가 없다. 하지만 그의 이런 질문에는 교회에서 성도들이 헌금을 성실하게 충성스럽게 하는 행위를 믿음과 전혀 관련 없는 것으로 만들어 버리는 '선택과 배제'의 프레임 사고가 깔려 있다. 그의 이런 설교를 듣고 있노라면 이전에 헌금을 많이 한 신자가 자신이 헌금을 많이 했던 것을 회개(?)하게 만들 정도로 그는 무조건적으로 헌금을 세속화와 결부되는 프레임 속에 가두고 있다. 헌금을 교회 직분을 받기 위한 수단으로만 간주하는 프레임 논리가 그의 윤리 담론 속에서 작동하고 있는 것이다.

과연 헌금이 그렇게 부정적인 뉘앙스로 표현되어야 할 세속화의 양상들 중의 하나인가? 헌금과 관련된 그의 윤리 담론 설교는 한국교회 대부분의 성도들이 선한 마음으로 하나님 앞에 헌금한 헌신들을, 교회 직분을 쟁취하기 위한 수단으로만 인식하게 만드는 프레임 논리를 전형적으로 보여주고 있다.

그의 설교 속에 자주 등장하는 "목사, 장로, 권사 직분을 갖고 있으면 믿음이 좋은 것입니까?"라는 그의 질문도 마찬가지다. 물론 직분이 믿음과 상관관계를 직접적으로 갖고 있는 것은 아니다. 하지만 그의 이런 질문은 매우 폭력적인 전제를 담고 있음을 놓치면 안 된다. "목사, 장로, 권사 직분을 가진 자들 중에도 믿음이 좋은 사람들이 있고, 그렇지 않은 사람들도 있다."라고 말해야 하는데, "목사, 장로, 권사 직분을 갖고 있으면 믿음이 좋은 것입니까?"라고 질문을 던지면, 이에 대해 "아니다"라고 대답할 경우, 교회의 직분은 전혀 믿음과 상관이 없는 것으로 귀착되고 말기 때문이다.

이재철 목사의 윤리적 담론 수준이, 혹은 윤리적 수준이 얼마나 높은지는 모르겠으나, 그가 무슨 권위와 자격으로 한국교회 모든 직분을 믿음과 전혀 상관없는 프레임 논리로 몰아넣고 있는지, 나는 이재철 목사에게 이렇게 되묻고 싶다. "목사, 장로, 권사 직분을 갖고 있으면 믿음이 좋은 것입니까?"라고 묻고 있는 당신은 무슨 믿음을 갖고 있습니까? 혹시 그 믿음은 한국교회는 전체적으로 타락했으므로 해체되어야 한다는 교회 증오·해체 프레임에서 나온 것 아닙니까? 그렇다면 당신의 그 믿음의 원천은 무엇입니까? 혹시 거기에 예수님이 계실까요?

2 여기서 이 담론을 좀 더 넓은 대화의 장으로 열어가고자 한다. 일단 시선을 성경으로 돌리기로 한다.

성경의 어느 부분이 좋을까, 생각했는데, 문득 고린도전후서가 떠올랐다. 오늘날의 세속화된 한국교회와 많이 닮아있는, 타락과 세속화의 측면에서는 가장 '현대적'인 성격을 갖고 있다고 생각되는 고린도교회가 등장하는 고린도전후서를 다시 읽으면서 생각을 하게 되었다.

사도 바울은 세상적인 문제들로 인해 몸살을 앓고 있던 고린도교회를 향해 뭐라고 했을까? 자신과 고린도교회 사이에 높다란 벽을 세워놓고 고린도교회를 타자화하면서 그 교회를 세속화되고 타락하고 음란한 교회라고 몰아세웠을까? 교회를 개척한 사도를 비난하고 공격하는 고린도교회와 성도들을 몽땅 다 싸잡아서 대포를 쏴 없애버려야 할 것들이라고 '분노'를 터트렸을까?

여기서 필자는 필자 자신의 설명을 나열하는 대신 유기성 목사의 고린도전서 강해 설교 내용의 일부를 소개하는 방식을 취하고자 한다. 이렇게 하는 이유는 이 담론이 필자의 주관적 관점으로 흘러가 버릴 가능성을 차단하기 위함이다. 또한 유기성 목사의 설교를 인용함으로써 이 담론을 대화적 담론의 장으로 만들고자 하는 목적도 없지 않다. 유기성 목사가 고린도전서 강해 설교 중에 말하고 있는 내용을 몇 군데만 발췌하기로 한다.

i) 고린도 교회에 일어난 문제는 분열 외에도 음행, 교인들 사이의 법정 다툼, 성적인 범죄, 결혼 문제, 제사 음식 논쟁, 예배 질서 문제, 영적 은사 논쟁, 몸의 부활 논쟁, 선교와 헌금 문제 등 10가지가 넘었습니다. 한 마디로 총체적인 위기라 하지 않을 수 없습니다. 그 소식을 들은 사도 바울은 마음이 너무 아파 고린도 교회에 편지를 썼습니다. 그런데 놀라운 것은 사도 바울이 낙심하지 않았다는 것입니다. 그는 고린도 교회가 반드시 문제를 극복할 수 있다고 믿었습니다. 〈…중략…〉 사도 바울은 어떤 문제가 있을지라도 완벽한 답이 있음을 알고 있었기 때문입니다. 그것이 무엇입니까? 언제나 함께하시겠다고 약속하신 예수 그리스도입니다. 사도 바울은 고린도 교회에 편지를 쓰기 시작한 후, 불과 아홉 절 안에 예수 그리스도를 11번 언급하고 있습니다. 한 마디로 오직 예수 그리스도인 것입니다. 사도 바울의 관심은 오직 예수 그리스도였고 고린도 교회 안에 생긴 모든 문제를 일관되게 예수 그리스도 안에서 풀어나갔습니다.

ii) 여러분, 우리도 문제만 보지 말고 주님과 주님의 역사를 보아야 합니다. 그래서 사도 바울은 문제 많은 고린도 교회를 향하여 "고린도에 있는 하나님의 교회"라고 불렀으며, "그리스도 예수 안에서 거룩하여지고 성도라 부르심을 받은 자들과 또 각처에서 우리의 주 곧 그들과 우리의 주 되신 예수 그리스도의 이름을 부르는 모든 자들"에게 말을 건네고 있습니다.

iii) 여기저기서 교회에 대한 부끄러운 소식이 들려오지만 우리도 교회를 포기하면 안 됩니다. 여전히 교회를 통하여 수많은 사람들이 구원받고 있습니다. 주님께서 교회를 포기하지 않고 이끌고 계시다는 증거입니다.

iv) 교회가 아무리 타락해도 괜찮다는 말이 아닙니다. 회개할 것은 회개하고 돌이켜야 할 것은 돌이켜야 합니다. 하나님의 집에서 심판이 시작된다고 했습니다(벧전 4:17). 그러나 문제만 보지 말아야 합니다. 문제만 보다가 마음이 상하고 절망하고 분노하는 이들이 많습니다. 우리는 여전히 함께하시는 주님을 바라보아야 합니다. 포기하지 않으시는 주님을 바라보아야 합니다. 그러면 반드시 주님이 교회를 바로 세우신다는 것입니다.

사도 바울은 문제가 많은 고린도 교회를 볼 때 고린도 교회의 문제만을 바라본 것이 아니라 예수 그리스도를 바라보았다. 그게 i)과 ii)의 인용 내용이다. 그리고 iii)과 iv)는 오늘날 한국교회 세속화의 문제에 대해 어떻게 우리가 대응해야 하는가 하는 적용의 관점을 담고 있는 내용이다. 한국교회 안에 부끄러운 소식들이 자주 들려오지만 우리가 한국교회를 포기하면 안 된다. 여전히 교회를 통하여 수많은 사람들이 구원받고 있는데, 자신과 한국교회를 분리시켜 놓고 한국교회 전체를 정죄하고 심판하고 있는 태도는 모든 상황에서 예수 그리스도를 바라보는 믿음의 태도가 아니다(iii). 교회가 세속화되고 타락해도 방치하고 방관하자는 말이 아니다. 회개할 것은 회개하고 돌이켜야 할 것은 돌이켜야 한다. 그러나 중요한 것은 문제만 보지 말아야 한다는 점이다. 문제만 보다가 마음이 상하고 절망하고 분노하는 사람들이 많다. 그러나 한국교회와 자신을 분리시키고 한국교회를 매도하고 매장시키려고 하는 태도, 그게 믿음이 아니라는 사실을 기억해야 한다. 문제만 보기 때문이다. 문제만 보면 이재철 목사처럼 한국교회를 타자화한 채, 분노와 증오의 프레임 논리로 정죄하고 공격하는 자리에 서게 되기 때문이다.

필자가 보기에는 이런 유기성 목사의 태도가 '복음적'이고 '복음주의' 적이다. 누가복음 5장에 나오는 '잃어버린 두 아들 비유'에 대해 설명하면서 팀 켈러 목사는 이렇게 말한다.

예수님은 세상을 도덕적인 '착한 사람들'과 부도덕한 '나쁜 사람들'로 가르지 않으신다. 〈…중략…〉 이는 예수님의 메시지 즉 '복음'이 전혀 다른 영성이라는 뜻이다. 예수님의 복음은 종교나 무종교, 도덕이나 부도덕, 도덕주의나 상대주의, 보수나 진보가 아니다. 양극단 사이의 중간 어디쯤

도 아니다. 그것은 전혀 다른 무엇이다. 〈…중략…〉 그러나 예수님은 '겸손한 사람들이 실세이고 교만한 사람들은 퇴물이다.'라고 말씀하신다(「눅」 18:14 참조). 자신이 별로 선하지 못하거나 마음이 넓지 못하다고 고백하는 사람들은 하나님 쪽으로 간다. 하나님의 은혜를 받으려면 자신에게 은혜가 필요함을 아는 게 선결조건이기 때문이다. 그러나 자신이 이대로 괜찮다고 우기는 사람들은 하나님을 떠나가고 있다. "여호와께서는 …겸손한 자들을 돌보시며 교만한 자들을 멀리하신다."(「시」 138:6).[22]

우리에게 필요한 것은 바로 이 믿음이다. 내가 비판의 주체가 되어서 한국교회 전체를 비판하고 정죄하는 가운데, 비판 주체인 자기 자신 속에 있는 대들보, 즉 분노·증오 프레임 논리를 보지 못하고 스스로 속아서는 안 된다. 주님의 몸된 한국교회를 물화시키고 대상화시켜서 분노하고 정죄하는 바리새인의 자리에 서면 안 된다는 사실을 늘 기억해야 한다.

3 성경을 한 군데만 더 살펴보기로 한다. 「요한계시록」에 보면 예수님은 일곱 교회를 책망하고 교훈하며 경고하시면서 일곱 교회 '전체'를 싸잡아 책망하고 정죄하지 않으셨다는 사실을 기억해야 한다. 이 점은, 이재철 목사가 한국교회 일부 교회들이 갖고 있는 세속화 문제들을 빌미로 삼아 한국교회 전체를 타자화한 채, 전체를 싸

---

22) 팀 켈러 지음, 윤종석 옮김, 『팀 켈러의 탕부 하나님』(두란노, 2021), 77~79면 참조.

잡아 묶어서 분노하고 증오하는 프레임 논리를 보여주고 있는 점과 매우 대조적이다.

일곱 교회를 향해 말씀하신 주님은 지금도 불꽃 같은 눈으로 한국교회를 지켜보고 계신다. 세속화된 교회들도 보시겠지만, 그런 가운데서도 주님께서는 어떤 교회들에게는 죽도록 충성하라 그리하면 내가 생명의 면류관을 주리라고 권면하시는 교회들도 있을 것이다. 열심을 내고 회개하라고 권면하시는 교회도 있을 것이며, 작은 능력을 가지고서도 주님의 말씀을 지키며 주님의 이름을 배반하지 않는 교회들을 칭찬하시고 위로하시고 격려하시기도 하실 것이다. "귀 있는 자는 성령이 교회들에게 하시는 말씀을 들을지어다."라고 지속적으로 교회들에게 지금도 말씀하고 계신다.

그러니까 주님께서는 주님의 교회들을 개별적으로 인지하고 개별적으로 권면하며 책망하는 동시에 칭찬하고 계심을 깨달을 수 있다. 이재철 목사가 한국교회 전체를 싸잡아 그 존재 의의를 부정하고 매도해버리는 프레임 논리와는 근본적으로 다르다.

필자는 여기서 묻고 싶다. 주님이 옳으십니까? 아니면 이재철 목사가 옳은 것입니까? 주님께서는 한국교회를 '불꽃 같은' 분노·증오의 프레임으로 단죄하고 심판하고 있는 이재철 목사를, 혹은 이와 비슷한 시각을 갖고 있는 사람들을, 지금도 '불꽃 같은' 눈으로 지켜보고 계심을 깨달아야 한다.

4

	개별교회 세속화 현상에 대한 태도	보편교회로서의 교회에 대한 태도
이재철 목사	부정적/비판적	한국교회를 타자적으로 인식. 부정적/비판적/해체적
유기성 목사	부정적/비판적/ 자기반성적	한국교회를 자기동일성의 관점에서 인식. 믿음, 소망, 사랑, 회개의 필요성 강조
사도 바울	부정적/비판적	믿음, 소망, 사랑, 책망, 권면, 경고, 회개 강조
예수님	부정적/비판적	교회별 사례별 책망, 권면, 경고, 칭찬, 회개 강조

위의 도표에 의해 이재철 목사의 한국교회에 대한 태도를 몇 가지 관점에서 대조적으로 설명해보면 다음과 같다.

ⓐ 사도 바울과 유기성 목사는 교회의 문제를 바라보면서 모든 문제의 해답이신 예수님께 이 문제를 맡기고 있는 반면, 이재철 목사는 예수님을 바라보는 대신, 프레임으로 문제를 바라보고 분노하고 증오하고 궁극적으로는 경멸과 해체의 대상으로 한국교회 전체를 '심판'하고 있다.

ⓑ 사도 바울과 유기성 목사는 항상 자신의 죄의 심각성을 인지하고 있기 때문에 문제를 발견하면 즉각적으로 예수님께 나아간다. 반면 이재철 목사는 문제를 발견하는 순간, 저주와 정죄의 프레임 논리 속에서, 그 대상을 비난하고 정죄하는 바리새인의 기도로 나아가고 있다고 필자는 해석하고 싶다.

ⓒ 사도 바울과 유기성 목사는 교회(고린도 교회나 한국교회)에 문제들이 드러날 때, 자신을 보편교회 '안'에서 파악하는 동일성의 태도를 보여준다. 반면 이재철 목사는 한국교회에 문제들이 드러나면 한국교회 전체와 자신을 분리하는 인식을 보여준다. 그러니까 그는 예수님이 머리가 되시는 한국교회 전체를 타자화(他者化)하여, 그의 설교 담론 속에서 정죄와 저주의 프레임 논리로 설명하고 평가하고 있다.

ⓓ 이런 타자화 전략 속에서 이재철 목사는 한국교회의 일부가 드러낸 문제들을 한국교회 전체의 문제로 일반화시키는 일반화의 오류를 보여준다. 앞서 지적했듯이 CBS 〈잘잘법〉에서 '교회 건물의 우상화'를 강조하는 점에서도 이런 오류가 드러난다. 물론 한국교회에서 교회 건축 문제로 진통을 겪은 교회들이 없지 않다. 너무 무리하게 건축을 강행하고 건축헌금을 강요하다가 분란을 겪은 교회들도 없지 않다. 하지만 이런 일부 교회가 이런 문제들을 드러냈다고 해서, 그렇다고 교회 건물을 지으면 무조건 교회 건물의 '우상화'가 되는 것인가? 이런 사고는 전형적인 프레임 논리에 속한다고 볼 수 있다.

ⓔ 사도 바울과 유기성 목사는 교회의 문제를 보면서 예수님을 바라보는 믿음으로 나아간다. 이재철 목사는 문제만 바라보니 많은 경우에 그의 설교 담론은 대부분의 경우에 해체적이고 부정적이다. 그런 가운데서도 자신은 항상 윤리적으로 선하다는 믿음을 선명하게 드러낸다. 전자의 믿음과 후자의 믿음은 전혀 다르다. 주님을 바라보고 그분께 모든 문제를 맡기는 믿음과 한국교회 전체를 타자화하고 저주 프레임으로 정죄하면서 그 자신은 항상 옳고 선하다는 사고에 빠져 있는 믿음

은 결코 같은 차원의 믿음이 아니다. 정확하게 말하면 영이 다르다. 전자는 성령이고 후자는 바리새의 영이다.

한국교회의 세속화 현상을 비판하는 것은 당연하다. 앞서 언급했지만 필자도 이 문제에 대해 고민하면서 한 권의 책을 출간한 적이 있다.[23] 그런데 우리가 주지해야 할 것은 한국교회 세속화를 비판하는 담론 주체는 자신이 비판하는 논거를, 그리고 비판 주체 자신의 영적 상태를, 끊임없이 성령 안에서, 말씀의 빛 안에서, 체크하고 성찰해야 한다는 점이다. 자신의 관점을 윤리적으로 영적으로 절대적 선으로 간주하는 비판 주체는 이미 위험한 상태에 놓여 있음을 알아야 한다. 비판 주체는 항상 자신이 바리새적 나르시시즘의 환상, 혹은 자아도취에 빠져 있지 않은지 말씀의 빛으로 매 순간 자신을 비추어 봐야 한다. 자신의 담론을 말씀의 조명하에 되살펴야 한다. 필자가 보기에 이재철 목사의 세속화 비판 논리, 증오·해체의 프레임 논리는 이러한 자기성찰과 반성에서 멀찌감치 벗어나 있다. 필자가 보기에 이재철 목사는 한국교회 '안'(혹은 '밖')에 있으면서, 바리새적 나르시시즘의 환상에 도취되어 있는 사람들 중의 한 사람이다.

'바리새적 나르시시즘'이란 표현은 사실 필자가 처음 사용한 용어다. 필자는 이 용어를 '윤리로 포장된 이데올로기 속에서 자신은 항상 선하

---

23) 졸저, 『여호와김 왕의 면도칼』(세컨리폼, 2020)

고 옳다는 미망에 빠져서 늘 타인을 비판하고 정죄하는 상태'로 규정하고, 이런 태도를 '바리새적 나르시시즘(Pharisaic Narcissism)'이라 명명했다. 이런 유형의 나르시시즘은 윤리 이데올로기로 장착된 프레임 논리에 의해 상대방을 비판하는 동시에 비판 주체인 자기 자신은 항상 선하고 의롭다는 도덕적 우월감에 빠지는 현상, 즉 '바리새적 효과'에 근거하고 있다고 필자는 정의한 바 있다.[24]

이재철 목사는 그의 설교 중에 성전청결사건을 전가(傳家)의 보도(寶刀)처럼 꺼내 들곤 한다. 필자는 이에 대해 두 가지만 지적하고자 한다.

첫 번째로 성전청결사건은 성령강림 사건 이전, 즉 신약교회 탄생 전에 일어난 사건이다. 구약 교회와 관련된 것이다. 신약교회에 대해 주님께서 말씀하신 것은 「요한계시록」에서 일곱교회에 대해 개별교회별로 말씀하신 것이 최초가 아닌가?

두 번째는 성전청결사건을 일으키신 주님은 완전하시고 거룩하신 분이심을 잊어서는 안 된다. 이재철 목사가 윤리적 덕목을 남다르게 갖고 있고 설교 중에 윤리를 많이 강조하기는 하지만, 그렇다고 그가 주님과 같이 완전하게 '거룩한' 존재가 되는 것은 아니다. 또 설교 속에서 윤리를 많이 강조한다고 해서 그 담론이 '기독교윤리적'인 담론이 되는 것이 아님은 이재철 목사 스스로가 증명하고 있지 않은가? 분노·증오 프레임에 스스로 갇혀서 주님의 교회를 타자화하는 사람이 자신도 주님처럼 성전청결사건을 일으킬 수 있다고 착각하면 안 된다.

---

24) 졸저, 「손봉호 교수는 누구인가」(세컨리폼, 2020), 117면.

가끔씩 한국교회 안팎에서 한국교회를 비판하는 담론 중에 성전청결사건을 전가의 보도처럼 꺼내 들고서 폼을 잡고 있는 사람들을 만나면, 솔직히 필자는 서부활극 중에서도 희극적 활극을 보고 있는 듯한 기분이 들곤 한다. 왜냐하면 이런 의인(?)들은 "죄란 단순히 규범을 어기는 게 아니라 구주요 주님이요 재판장이신 하나님의 자리에 자신이 올라서는 것이기 때문이다."[25]라고 말한 팀 켈러 목사의 말에 귀 기울일 필요가 있기 때문이다.

　죄에서 용서받는 것을 우리는 은혜로 구원받는 것이라고 여긴다. 그러나 은혜는 용서보다 훨씬 더 큰 개념이다. 구원은 단순히 은혜로 용서받는 수준을 넘어선다. 더 나아가 은혜 속에서 살아가는 법을 배워나가는 것이다. 하나님은 우리가 구원받기 전에도 은혜의 하나님이셨다. 은혜로 용서받았을 뿐 아니라 은혜로 살아갈 때, 신자는 자신 속에서 나오는 그 어떤 선도 자랑할 것이 없음을 깨닫게 되는 것이다.

　참된 구원의 확신은 단순히 예수님이 우리 죄를 대신해 죽으셨다는 믿음을 넘어서서 자신이 그분을 믿고, 그분의 모든 말씀이 옳고 선한 것을 믿으며, 그 은혜에 힘입어 그분 안에 거하는 삶을 사는 것이다. 한국교회에서 일어나는 타락과 세속화의 문제들도 예수 안에서 바라봐야 한다. 윤리 문제를 제기하기만 하면, 윤리 혹은 개혁이라는 '완장'을 차기만 하면, 이내 도덕적 우월감 혹은 도덕적 면허증에 사로잡히는 의인(?)들을 보면 솔직히 딱하다는 생각이 든다.

---

25) 팀 켈러, 윤종석 옮김, 『팀 켈러의 탕부 하나님』(두란노, 2021), 76면.

참 그리스도인이 되려면 자신의 잘한 일들의 동기까지 회개해야 한다고 팀 켈러 목사는 말한다. 죄를 회개할 뿐 아니라 자기 의의 뿌리까지 회개해야 한다. 모든 죄의 이면과 모든 의의 이면에 깔려 있는 죄를 회개해야 한다. 스스로 자신의 구주와 주인이 되려 한 것, 자신의 궁극적인 소망과 신뢰를 하나님 아닌 다른 것에 두었던 것을 인정해야 한다. 죄악과 착한 행실 양쪽 모두의 배후에 스스로가 구주와 주인이 되려는 갈망이 도사리고 있다.[26]

물론 성령의 인도하심을 철저하게 받는 사람은 성전 청결의 도구로 사용될 수 있다. 하지만 바리새적 나르시시즘에 사로잡혀 교회 증오·해체 프레임으로 한국교회를 공격하고 비방하는 사람은 이미 성전 청결의 자격을 결여하고 있음을 알아야 한다. 이미 그 자신이 성전 청결의 대상이기 때문이다. 그는 예수님처럼 성전을 청결하게 하는 게 아니라 지금 어려운 상태에 놓여 있는 한국교회를 오히려 더 어렵게 만드는 X맨이 될 수 있음을 알아야 한다.

5 이재철 목사가 〈고생의 밥과 물〉이라는 제목으로 「열왕기상」22장 본문 내용으로 설교한 내용을 들은 적이 있다. 유다의 여호사밧 왕이 이스라엘 아합에게 갔을 때, 아합이 길르앗 라못을 아람의 왕의 손에서 회복하기 위해 전쟁을 해야 한다고 여호사밧을 설득하자 여호사밧 왕이 아합에게 여호와의 말씀이 어떠한지를 묻고자 한

---

26) 팀 켈러, 앞의 책, 117~118면. 참조.

다. 그러자 아합이 선지자 사백 명쯤을 모으고 그들에게 물어보니 그들은 모두 이번 전쟁에서 승리할 것을 예언한다. 그러자 미심쩍은 생각이 든 여호사밧 왕이 '이 외에 우리가 물을 만한 여호와의 선지자'를 찾는다. 그러자 이믈라의 아들 미가야가 온다. 미가야는 그를 부르러 간 사신이 선지자들의 말이 하나 같이 왕에게 길하게 하니 청하건대 당신의 말도 그들 중 한 사람의 말처럼 길하게 해달라고 부탁하자 단칼에 거절한다.

그는 말한다. "여호와께서 살아계심을 두고 맹세하노니 여호와께서 내게 말씀하시는 것 그것을 내가 말하리라". 그리고 아합과 여호사밧 왕 앞에서 여호와께서 말씀하신 것을 그대로 전한다. 그러자 아합이 화를 내면서 "이놈을 옥에 가두고 내가 평안히 돌아올 때까지 고생의 떡과 고생의 물을 먹이라."고 명령한다. (「왕상」 22:14)

이재철 목사는 이 말씀을 인용하면서 다들 미가야처럼 되어야 한다고 강조한다. 그리고 거짓 선지자 사백 명처럼 되어서는 안 된다고 강조한다. 물론 이재철 목사는 자신은 미가야 선지자 쪽으로 생각하는 모양새다. 그러나 자신이 그렇게 생각하는 것일 뿐이다. 하지만 미가야 선지자가 "여호와께서 살아계심을 두고 맹세하노니 여호와께서 내게 말씀하시는 것 그것을 내가 말하리라. (「왕상」 22:14)"라고 말한 것처럼, 우리가 그렇게 살고 있는지 우리 자신을 먼저 살펴야 한다.

필자가 보기에 바리새적 나르시시즘에 사로잡힌 채 교회 증오·해체 프레임 논리에 갇혀 있는 이재철 목사는 그 자신을 미가야와 동일시하기 전에, 그 자신의 프레임 논리가 하나님께서 말씀하신 것인지 아닌지를 먼저 살펴야 할 것이다.

이재철 목사의 설교들 속에 간간이 나오는 '거룩한 분노'라는 표현에도 필자는 주목했다. 사도 바울이 사랑하는 사람들을 위해 '거룩한 분노'를 갖고서 사역했다고 이 목사가 주장하고 있는 논거를 필자는 성경에서 찾지 못했다. 오히려 필자는 이재철 목사의 '거룩한 분노'라는 표현에서 바리새적 나르시시즘의 징후를 발견했을 뿐이다.

왜 이재철 목사가 말하고 있는 '거룩한 분노'라는 표현이 바리새적 나르시시즘의 강력한 징후를 보여주는 것일까? 그가 말하는 '거룩한 분노'의 '거룩한'이라는 형용사는 자신이 스스로 갖다 붙인 단어이기 때문이다. 자신의 분노가 '거룩한' 분노라고 스스로 명명할 수 있는 근거는 도대체 어디서 온 것일까? 마침 이런 생각을 하고 있었을 때 유튜브상에 '거룩한 분노'라는 동일 제목으로 이찬수 목사가 설교하고 있는 내용을 우연히 잠시 듣게 되었다. 이찬수 목사는 그 설교에서 인간은 죄성을 갖고 있고 또 상처가 있기 때문에, '거룩한 분노'를 갖기가 어렵다고, 정말 성령의 인도하심을 받을 경우에만 가능한 것이라고 말하고 있었다. 맞는 말이다.

그런데 적어도 필자는 이재철 목사의 윤리 담론 설교에서 그가 성령의 인도하심을 온전히 받고 있다는 느낌을 받지 못했다. 오히려 그가 교회 증오·해체 프레임 논리와 바리새적 나르시시즘 이데올로기에 사로잡혀 있다는 느낌만 강하게 받았을 뿐이다. 그런 이데올로기와 프레임에서 나오는 분노가 어떻게 '거룩한' 분노일 수 있을까? 그의 분노는 자신이 절대적으로 선하다는 바리새적 나르시시즘에 근거하여 타인들을 무조건적으로 비판하고 정죄하는 분노다. 그러니까 그의 분노는 '거룩한 분노'가 아니라 매우 혼적인 분노이며, 육신적인 분노이며, 자기애적 분노이며, 자기의로 충만한 분노다.

청년들과의 대화
: 〈복음주의〉와 바리새적 나르시시즘 〈복음쥐〉를 분별합시다

다시 말하지만 기독교 신앙인들은 자신이 비판 주체가 되었을 때, 항상 자신이 바리새적 나르시시즘의 환상, 혹은 윤리적 자아도취에 빠져있지 않은지 말씀의 빛으로 매 순간 비추어 봐야 한다. 필자가 보기에 이재철 목사의 세속화 비판 논리, 교회 증오·해체 프레임 논리에는 이러한 자기성찰과 반성의 과정이 애시당초 배제되고 있다. 이재철 목사는 한국교회 '안'에 있으면서(사실 이건 필자가 판단할 수 있는 영역은 아니다) 바리새적 나르시시즘의 환상에 도취해 한국교회를 저주·증오의 프레임으로 공격하고 있는 윤리론자다. 앞서 지적한 바 있지만 필자가 보기에 이재철 목사의 교회 증오·해체 프레임 논리의 근저에는 바리새적 나르시시즘이 존재한다. 이 바리새적 나르시시즘은 그의 개인적 이데올로기지만 CBS와 같은 좌편향의 집단 이데올로기와 친화적으로 결합될 수 있는 속성을 갖고 있다고 봐야 한다.

이데올로기는 (1) 설명적, (2) 평가적, (3) 지향적, (4) 강령적 기능을 갖는다.[27] 이재철 목사는 지금까지 살펴봤던 것처럼 그의 윤리 담론 설교 속에서 증오·해체 프레임 논리와 바리새적 나르시시즘 이데올로기에 입각해서 한국교회의 총체적 타락과 불의를 지속적으로 설명(1)하고 평가(2)해왔다. 그리고 이런 그의 윤리 담론은 당연히 윤리를 지향(3)한다. 앞에 나온 A와 B의 이야기에서 이재철 목사는 자신을 한국교회와 분리시키고서, 한국교회 전체의 타락성과 세속성을 '설명'하고 매우 부정적인 관점에서 '분노'의 대상으로 '평가'한다. 그리고 한국교회와 분리된 자신만이 윤리를 '지향'하는 것으로 자가진단한다. 그리고 이런 관점에서 한국교회를 분노와 증오, 해체의 대상으로 인식하고 설득하는 '강령적 기능'을 설교를 통해 수행한다. 그리고 이런 담론 수행 과정을 통해 그의 바리새적 나르시시즘은 개인적 사유의 차원을 넘어서서 공공적 이데올로기 차원을 획득하게 되는 것이다.

한국교회에 대한 그의 설명과 평가는 그가 한국교회 일부의 세속화 문제를 한국교회 전체(단 자신은 제외됨. 자신이 목회한 교회도 제외되는 듯. 그리고 자신을 설교자로 초청한 교회들도 제외되는 느낌!)의 타락이라고 규정함으로써 '과도하게 단순화된' 이데올로기적 속성과 전략을 드러내고 있다. 그의 바리새적 나르시시즘 이데올로기의 강령은 '항상 나는 옳고 선하다', '나는 항상 미가야 선지자와 동격'이며, '성전청결 사건을 주도할 만큼 거룩한 윤리적 존재'이며, '나의 분노는 항상 거룩한 분노'라는 나르시시즘 명제들로 충만하다.

---

27) 테렌스 볼·리처드 대거·대니얼 I. 오닐 공저, 『현대 정치사상의 파노라마』(아카넷, 2019), 24면 참조.

성경에서 비판하지 말라고 한 것은 무조건적으로 비평(가치판단)하지 말고 무조건 덮으라는 의미는 아니다. 하지만 이 비판하지 말라는 말씀에는 비판 주체 자신을 돌아보라는 경고가 들어있음을 비판 주체는 항상 잊지 말아야 한다.[28] 이재철 목사의 경우에서 보듯이 그의 한국교회 비판에는 비판 주체의 특정 이데올로기가 무의식적 수준 혹은 의식적 수준에서 작동되고 있음을 깨달아야 한다는 것이다. 알튀세르는 말한다.

> "이데올로기 안에서 실제적 관계는 변함없이 상상적 관계에 투사되어 있다. 상상적 관계는 현실을 그대로 묘사하기보다는 (보수적이거나 순응적이거나 개혁적 혹은 혁명적인) 어떤 의미, 희망, 혹은 향수를 표현한다."[29]

이재철 목사는 그의 윤리 담론 속에서 자신이 경험한 사건들을 그대로 묘사하기보다는, 교회 증오·해체 프레임 논리에 의해 한국교회를 향한 그의 특유의 '개혁적 혹은 혁명적인 어떤 의미, 희망, 향수'를 표현한다.

이러한 이데올로기가 무의식적으로 장착된 이재철 목사의 윤리 담론 설교에는 이정훈 교수가 직관적으로 느꼈듯이 한국교회가 철저히 '적'으로 인식되고 있다. 바꾸어 말하자면 그의 한국교회에 대한 극단적 비판 논리의 프레임들은 바로 이런 이데올로기 편향성에 기반하고 있다. 이

---

28) 졸저, 『손봉호 교수는 누구인가』(세컨리폼, 2020), 45면 참조.
29) 루크 페레타 지음, 심세광 옮김, 『루이 알튀세르의 이데올로기』(엘피, 2014), 149면.

재철 목사의 한국교회 비판은 항상 '어떤 관점 혹은 일련의 평가 기준이나 가정하에서' 일어난다. 바꾸어 말하면 이재철 목사의 한국교회를 향한 적대감, 즉 그런 맥락, 관점, 평가 기준, 가정이 바로 그의 프레임의 기준이다.

얼핏 무척 세련되고 점잖게 들리는 그의 윤리 담론 설교 속에 이런 서슬 퍼런 이데올로기가 도사리고 있음을 한국교회는 알아차려야 한다. 특히 청년들의 경우 더욱 그러하다. 이재철 목사의 윤리 담론 설교는 그걸 듣는 사람들로 하여금 자신들이 이 설교자의 윤리 담론에 동의함으로써 이 설교자가 확보하고 있는 윤리적 정당성을 자신들도 확보하고 있다고 믿게끔 만드는 환상을 가져다준다. 이제 한국교회는 윤리설교와 복음설교를 분별할 줄 아는 믿음의 수준을 공유해야 할 때가되었다. 설교자든 청중이든 말이다.

이데올로기의 명령에 복종하는 것은 성령 충만과는 완연히 다르다. 다시 말해서 영이 다른 것임을 명심해야 한다. 바리새의 영과 성령을 분별하는 것이 성도들에게 필요하다.[30] 이데올로기가 구성하는 프레임에 갇혀서 타인을 정죄하고 한국교회를 전체적으로 매도하는 것은 성령의 역사가 아니다. 자신이 다른 사람들보다 윤리적으로 훨씬 낫다는 생각을 가질 수는 있으나, 그게 '도덕적 면허 효과(moral licensing effect)'를 가져올 정도가 되면, 이미 그 태도는 병적이다. "도덕적 면허는 사회를 위해 헌신한 사람들이 그런 경력으로 인해 갖게 되는 도덕적

---

30) 졸고, 앞의 책, 114면 참조. 여기서 필자는 이찬수 목사의 설교 한 편을 분석하면서 성령과 바리새의 영이 교차 반복되는 특이한 현상을 분석한 적이 있다.

우월감을 말한다. 그 정도가 지나치면 독선과 오만을 낳고, 공감 능력을 퇴화시켜 자기 객관화를 방해한다."[31] 필자가 보기에 이재철 목사의 윤리담론은 자신의 윤리적 올바름에 도취해 있는 바리새적 나르시시즘으로 충만하다.

「요한복음」 10장 1~2절에 이런 말씀이 나온다.

> 1. 내가 진실로 진실로 너희에게 이르노니 문을 통하여 양의 우리에 들어가지 아니하고 다른 데로 넘어가는 자는 절도며 강도요.
> 2. 문으로 들어가는 이는 양의 목자라.

적어도 필자가 보기에 이재철 목사의 윤리설교 속에 숨어 있는 이런 바리새적 나르시시즘 이데올로기는 '양의 문'으로 들어온 목자의 목소리가 절대 아니다. 같은 장 7~9절에서 예수님은 이렇게 말씀하신다.

> 7. 그러므로 예수께서 다시 이르시되 내가 진실로 진실로 너희에게 말하노니 나는 양의 문이라.
> 8. 나보다 먼저 온 자는 다 절도요 강도니 양들이 듣지 아니하였느니라.
> 9. 내가 문이니 누구든지 나로 말미암아 들어가면 구원을 받고 또는 들어가며 나오며 꼴을 얻으리라.

---

31) 강준만, 「강남좌파2」(인물과사상사, 2019), 9면.

성도는 은혜의 문제든 윤리의 문제든 정치·경제·문화의 문제든 어떤 경우나 상황을 막론하고 '양의 문'으로 들어가고 나와야 한다. 그렇지 않으면 복음이 아니고 〈복음주의〉가 아니다. 예수가 문으로 들어오신다고 표현하지 않고 내가 곧 문이라고 하신 것은 예수 외에는 그 어떤 존재도 양의 우리 안에 합법적으로 들어올 수가 없다는 말이다. 왜 그런가? 예수님 그분 자체가 문이기 때문이다. 그러니까 이 말씀의 의미는 명확하다. 윤리나 이데올로기가 양의 문이 될 수 없다는 것이다. 예수 외에는 구원의 길이 없다는 말씀이다. 양의 문이 되시는 예수 외에는 구원의 길이 없다. 다른 문에 속으면 안 된다. 바리새적 나르시시즘의 윤리 담론[32]과 성령의 인도하심을 받는 〈복음주의〉 설교를 한국교회 성도들은 이제 분별할 수 있어야 한다. 특히 청년들 다음 세대가 이런 분별력으로 무장되기를 희망한다.

필자가 보기에 이재철 목사의 한국교회 혐오 이데올로기는 무의식적인 수준에서 그를 지배하고 다스리고 명령하고 있다. 그는 표면적으로 기독교적 윤리 담론을 말하지만, 그 담론의 이면에는 교회해체 이데올로기의 환영이 늘 어른거리고 있다. 그러니까 그의 담론은 두 개의 어조를 갖고 있다. 하나는 윤리 담론이며, 또 하나는 교회 증오·해체 프레임 논리와 바리새적 나르시시즘 이데올로기이다. 필자가 보기에 후자의

---

32) 물론 이재철 목사의 설교가 온통 바리새적 나르시시즘으로 일관된다는 말은 아니다. 필자가 보기에 이재철 목사는 진지한 복음주의자다. 그의 설교에는 복음이 반복적으로 강조되고 있다. 단, 필자는 그가 윤리적 분노와 한국교회 타자화, 한국교회 비판 프레임이라는 준거틀에 무의식적으로 갇힘으로써 상대적으로 그의 설교에 바리새적 나르시시즘이 두드러지게 나타나고 있다는 사실을 지적하고 있는 것이다.

이데올로기가 전자를 지배한다. 이재철 목사가 윤리 담론 설교를 할 때 후자는 거의 무의식적인 수준에서 담론 주체인 설교자를 통제하고 지배하며 명령하고 있는 것으로 보인다. 루이 알튀세르의 관점으로 바꾸어 설명하자면, 이데올로기는 어떤 사람을 한 주체로 호명한다.[33] 이재철 목사는 바리새적 나르시시즘 이데올로기에 의해 호명됨으로써 한국교회 세속화를 비판하고 한국교회의 모든 직분과 헌신, 헌금 등을 믿음과 상관없는 것으로 경멸하며 궁극적으로 해체하는 작업을 무의식적으로 수행하고 있다.

이재철 목사는 〈믿음을 알고 싶은 성도들에게 전하는 믿음의 10가지〉라는 제목의 설교에서 예수님을 바라보는 것을 그 믿음의 10가지 중의 하나로 설명하고 있다. 그런데 바리새적 나르시시즘 이데올로기는 결코 예수님을 바라보는 것이 아니다. 우리는 그의 설교에서 윤리 담론만 들어서는 안 된다. 그 윤리 담론을 지배하고 있는 프레임과 이데올로기의 코드를 읽어내야 한다. 그렇지 않으면 한국교회의 모든 거룩한 코드들이 윤리 담론과 바리새적 나르시시즘 담론의 유희 속에서 교묘하게 해체되고 파괴되기 때문이다.

마지막으로 평소 필자가 존경했던 이재철 목사에게 한 말씀 올리고자 한다. 주제넘은 짓이라고 생각해도 필자로서는 어쩔 수 없는 일이다.

---

33) 루크 페레터 지음, 심세광 옮김, 앞의 책, 167~168면.

⑴ 이재철 목사는 한국교회와 타인을 비판하기 전에 자신의 프레임과 이데올로기에 대해 성찰할 필요가 있을 것 같다.

⑵ 자신의 프레임과 이데올로기를 분별하고 성찰하지 못한 채 한국교회를 향해 계속 대포(?)를 쏘게 되면(물론 그건 그의 자유다), 그건 이재철 목사가 '그리스도'(Χριστός)의 첫 글자를 도상적(圖像的)으로 풀면서 강조하고 있는 'X이론(다음에 자세히 논할 예정임)'이 자신의 윤리 담론을 강화하기보다는 오히려 그 담론 주체인 자신을 한국교회의 'X맨'으로 만들게 된다는 사실을 지적하고 싶다.

⑶ 예배는 영과 진리로 예배하는 것이라고 이재철 목사가 CBS 〈잘잘법〉에서 강변하고 있었는데(맞는 말이다), 영과 진리로 예배하는 동시에 이데올로기와 프레임으로 다른 영에게 예배하지 않게 되기를 권면드린다.

⑷ 이 글은 그동안 필자가 써 내려간 이재철 목사에 대한 글 내용 중의 서론편에 속한다.

• Chapter 3 •

김동호 목사의 교회개혁
담론 속에 숨어 있는
교회개혁 마케팅

청년들이여, 부디
〈복음주의〉와 〈복음쥐〉를
분별하시라

김동호 목사의 교회개혁 담론,
개혁 '완장'을 찬 문화·종교 권력이 되다

1999년 5월에 출간된 김동호 목사의 책 『생사를 건 교회개혁』((규장문화사)은 21세기로 넘어가기 직전 한국교회를 향해 교회개혁 담론을 제기하기 시작했다는 의미를 갖는다. 제목부터 비장한 각오를 내비치고 있는 이 책의 프롤로그에서 김 목사는 이렇게 말하고 있다.

지금 우리 한국교회는 그동안 달려온 탄력으로 달려가고 있다. 그 탄력이 다하기 전에 정신을 차리고 개혁을 해야만 한다. 그리고 다시 힘있게 달려가야 한다. 그래야 21세기에 세계를 섬길 수 있는 교회로 자리매겨질 수 있다. 그런 교회가 되게 하려면 교회 안에 있는 인간적이고도 세상적인 매력과 맛들을 제거하여야 한다. 그러나 그것은 쉽지 않은 일이다. 그리고 매우 위험한 일이 될 수도 있다.

왜냐하면 이미 교회 안에서 막강한 세력을 형성하고 있는 기득권층이 권력의 단맛을 포기하도록 한다는 것은 절대로 쉬운 일이 아니기 때문

이다.34)

그가 개혁의 대상으로 삼고 있는 것은 '교회 안에 있는 인간적이고도 세상적인 매력과 맛'이다. 그런데 여기서 주목해야 할 점은 '막강한 세력을 형성하고 있는 기득권층이 권력의 단맛을 포기하도록' 하는 작업이 '절대로 쉬운 일이 아닌' 줄 알고 있음에도 불구하고, 다른 한편으로는 자신의 작업이 '승리'할 것이라는 확신을 갖고 있다는 사실이다.

그는 앞의 글 조금 뒤에서 이렇게 말하고 있다.

> 한편 '그와 같은 일은 불가능한 일이니 손대서는 안 된다.'는 생각에 속아서도 안 된다. 이제까지 우리는 그렇게 사탄에 속아왔다. 교회 안에는 아직도 바알에게 무릎을 꿇지 않은 참으로 많은 선한 세력이 있어서 교회의 개혁을 성원하고 원조해줄 것임을 알아야 한다. 더욱 중요한 것은 하나님께서 이 선한 싸움을 원하시기 때문에 용기를 가지고 나서면 반드시 승리할 것이라는 점이다.35)

김동호 목사는 자신이 제기하는 교회개혁운동이 '생사를 건 교회개혁'이지만 다른 한편으로는 그 '생사를 건 교회개혁'의 승리를 확신하고 있는데, 그 근거는 두 가지다.

하나는 "교회 안에는 아직도 바알에게 무릎을 꿇지 않은 참으로 많

---

34) 김동호, 『생사를 건 교회개혁』(규장문화사, 1999), 7~8면.
35) _____, 같은 책, 9면.

은 선한 세력이 있어서 교회의 개혁을 성원하고 원조해줄 것임을 알아야 한다."라는 생각에서 엿볼 수 있듯이 '많은 선한 세력'이 교회의 개혁을 성원하고 지지할 것이라는 확신이다(앞으로 필자는 이 확신을 '확신1'이라고 부르기로 한다). 그리고 다른 하나는 "더욱 중요한 것은 하나님께서 이 선한 싸움을 원하시기 때문에 용기를 가지고 나서면 반드시 승리할 것이라는 점이다."라는 말에서 엿볼 수 있듯이 자신의 교회개혁운동은 '선한 싸움'이고, 그래서 하나님께서 이 싸움을 지지하시며, 그렇기 때문에 '용기를 가지고 나서면 반드시 승리할 것이라는' 확신이다(앞으로 필자는 이 확신을 '확신2'라고 부르기로 한다).

이 두 확신은 그의 교회개혁운동을 이해하는 중요한 키워드가 된다. 특히 확신1에서 필자는 김동호 목사가 앞으로 펼쳐나갈 교회개혁운동의 성격을 읽는다.

(1) 그러면 먼저 자신의 입장을 지지할 '많은 선한 세력'은 무엇인가?

그의 책이 나온 지가 20년이 조금 넘은 지금의 관점에서 보면 이 세력의 정체는 충분히 밝혀낼 수 있다. 한국교회의 세속화에 대해 비판적이면서 윤리와 개혁을 지향하는 건전한 크리스천들이 이 '세력'에 포함될 수 있다고 봐야 한다. 그리고 한국교회 전체를 타락의 프레임으로 비판하고 정죄하는 입장, 더 정확하게는 말하자면 한국교회 안에서 정치적 올바름(PC)을 추구하거나 좌편향적인 입장을 가진 사람들도 그가 말하는 '많은 선한 세력'에 속할 것으로 추론해볼 수 있다. 이런 판단은 김동호 목사의 그동안의 활동과 말들을 분석해보면 쉽게 내릴 수 있다.

(2) 그가 '많은 선한 세력'이라고 말하는 부분에서 필자는 두 가지를 읽는다

하나는 자신과 자신을 지지하는 사람들은 '선한' 세력에 속한다는 믿음이다. 그러니까 이 '선한' 세력에 속하지 않는 사람들은 모두 악하다는 전제가 깔려 있다.

또 하나는 그 '선한 세력'이 많다는 믿음이다. '많은 선한 세력'이라고 그는 말하고 있기 때문이다. 그러니까 어떤 면에서는 김동호 목사의 교회개혁은 '생사를 건 교회개혁'이 아닐 수도 있다. 왜냐하면 그는 '많은 선한 세력'의 지지와 후원을 확신하고 또한 그로 인한 궁극적인 '승리'를 확신하고 있기 때문이다.

앞에서도 한번 언급된 바 있지만 이런 김 목사의 태도는 일종의 '도덕적 면허 효과'의 문제를 보여준다. 자신이 내세우는 교회개혁이 반드시 승리할 것이라는 확신은 기성교회를 개혁하고자 하는 그 자신의 도덕적 우월감의 또 다른 표현이다. 이런 도덕적 우월감은 '정도가 지나치면 독선과 오만을 낳고 공감 능력을 퇴화시켜 자기 객관화를 방해'할 수도 있다.[36]

그가 말한 '많은 선한 세력'은 두 부류로 나누어 생각해볼 수 있다. 첫 번째는 이미 기윤실과 같이 '진보적 복음주의'의 정체성을 갖고서[37]

---

36) 강준만, 『강남좌파2』(인물과사상사, 2019), 9면.

37) '기독교윤리실천운동(基督敎倫理實踐運動)'(『한국민족문화대백과』, 한국학중앙연구원)에서 가져온 〈기윤실〉에 대한 해석이다. "1970~80년대 사이에 양심적 복음주의자들은 진보 진영의 치열한 저항과 보수 진영의 철저한 방관 사이에서 신앙적 혼란과 양심적 방황을 경험했다. 그들은 진보 진영의 기존 체제에 대한 저항에 지지를 보냈지만, 한편 이념적 토대인 민중신학과 해방신학에 대해서는 여전히 부담을 느끼고 있었다. 이에 진보 진영과 명확한 선을 긋고 동시에 교회와 사회적 쟁점에 대해 진보적 입장을 천명함으로써 자신들의 정체성을 '진보적 복음주의'로 규정했다. 이러한 배경에서 그들은 교세 확장과 물질적

김동호 목사의 교회개혁운동에 앞서 한국 사회와 한국교회에서 좌편향 거대 담론 카르텔을 구축한 세력이다. 김동호 목사가 이후 기윤실이나 성서한국에 들어가 활동했던 대목에서도 이는 간접적으로 확인된다.[38]

그리고 두 번째는 김동호 목사가 교회개혁 운동을 통해 새롭게 창출해나가게 될 지지와 후원 세력이다. 김 목사의 표현에 의하면 '교회의 개혁을 성원하고 원조해줄' 세력이다.

첫 번째 세력은 한국 사회에서 이미 문화·종교권력을 장악하고 있던 기성 세력으로서 김동호 목사도 거기에 귀속된다. 반면 김동호 목사의 교회개혁운동의 독자성은 이 두 번째에서 확보된다고 볼 수 있다. 하여튼 이 두 부류의 '많은 선한 세력'을 발판으로 해서 김동호 목사는 그 자신 특유의 교회개혁 담론을 통해 21세기 한국 사회에서 또 하나의 새로운 문화·종교 권력의 중심권으로 진입하게 된 것이다.

그는 교회개혁에 대해 다음과 같이 말한다.

예수님은 우리가 잘 아는 새 포도주의 비유에서 새 부대를 준비하지 않
으면 새 포도주를 담아둘 수 없다고 말씀하셨다. 새 포도주를 담아두는
것을 진리의 보수라고 정의한다면, 새 부대는 의식(意識)과 제도(制度)의

축복만을 강조함으로써 사회적 부도덕과 물질주의를 극복하지 못한 한국교회의 지난날을 반성하며 타자를 배려하고 환대하는 문화를 통해 생명과 평화의 공동체를 만들고자 하는 사회 운동을 진행하기 위해서 기독교윤리실천운동을 발족하게 되었다."[네이버 지식백과]

38) 김동호 목사는 기존의 '진보적 복음주의' 성향을 지닌 집단에 들어가서 혹은 함께 왕성한 활동을 해왔다. 그는 기윤실의 중추 역할을 맡기도 했으며 교회세습반대운동연대 공동대표를 지냈고 한기총 금권선거 사건과 관련하여 한국교회 갱신을 위한 한기총 해체 촉구 목회자 평신도·전문인 100인 선언문에 참여하기도 했다.

자유라고 정의할 수 있을 것이다. 포도주를 담아두는 부대는 언제나 자유롭게 바뀔 수 있어야만 새 포도주와 같은 진리를 보수할 수 있다는 것이 예수님의 말씀이다.

그런데 우리들의 문제는 포도주, 즉 진리를 보수하는 데는 별로 관심이 없고 부대를 보수하는 데만 관심을 가진다는 것이다. 그리고 그것을 보수주의라고 말하고 있다. 의식과 제도, 그리고 틀은 자유스럽게 바꿀 수 있어야 한다. 그것이 새 부대를 준비하는 것이라고 할 수 있다. 그러한 자유함이 있어야만 새 포도주 곧 진리를 보수할 수 있다. 부대를 보수하면 부대는 자연 낡은 부대가 되어 새 포도주, 즉 진리를 보수하지 못하고 잃어버리게 되는 것이다.

한국교회의 보수주의는 포도주의 보수가 아니라 자루와 부대의 보수, 다시 말해서 기득권의 보수가 아닌가 반성해보아야 한다. 자유해야 할 의식의 보수인가, 주님을 위해 흔쾌히 내어놓아야 할 자리의 보수인가 스스로 비판해보아야만 한다. 의식과 직위는 진리의 보수를 위해 오히려 과감하게 내어놓고 버려야 하는 것들에 불과하다.[39)]

그는 '진리의 보수'와 '의식과 직위의 보수'를 대립 개념으로 설명한다. 전자를 보수해야 하는데, 한국교회가 후자에 골몰하고 있다고 비판한다. "오늘날 목사와 장로는 특권층이 되었다. 세상 어디에서도 쉽게 누릴 수 없는 특권을 누리는 특수계층이 된 것이다. 그와 같은 인간적인 매력에

---

39) 김동호, 『생사를 건 교회개혁』(규장, 1999), 31면.

맛 들인 목사와 장로는 거기서 만족하지 않고 교회의 주도권을 잡기 위해 서로 갈등하고 대립하기 시작했으며, 교회는 헤게모니 쟁탈전이 벌어지는 치열한 전장이 되어버리고 말았다. 너무 부정적으로, 그리고 너무 비판적으로 이야기하는 것이 아닌가 싶기도 하지만, 불행하게도 이것이 작금의 한국교회의 현실이다. 오늘날 한국교회는 목사가 절대적인 주도권을 가지고 교주처럼 목회하는 교회(pastor's church)이거나 아니면 장로들이 절대적인 주도권을 가지고 교회를 이끌어나가는 교회(elder's church)이거나 둘 중의 하나가 되어가고 있다."[40]고 비판한다.[41]

그는 이러한 현실을 타개하는 방안으로 설교, 교육과 함께 제도개혁을 병행해야 한다고 주장한다.

> 한국교회는 교회 본연의 자리로 돌아가야만 한다. 하나님만이 주인이 되시고 교인은 철저히 그를 섬기는 종이 되는 교회로 돌아가야만 한다. 목사의 역할과 장로의 역할이 정확히 구별되면서도, 차별은 되지 않는 자리로 돌아가야 하고, 주도권 쟁탈전이 벌어지지 않는 순수한 교회로 돌아가야만 한다. 이런 회정(回程)은 설교와 교육을 통해서 이루어져야만 하지만 이것만으로는 부족하다. 우리는 본래 원죄를 가지고 태어난 존재이기 때문에 자기의 이권과 기득권을 본능적으로 포기하지 못한다. 그러므로 이와 같은 개혁을 이루려면 설교, 교육과 함께 제도개혁을 병행해야

---

40) 김동호, 같은 책, 36~37면.

41) 김동호 목사가 과연 그 자신이 말한 대로 자신이 펼친 교회개혁운동으로 '의식과 직위의 보수'가 아닌 '진리의 보수'를 했는가 하는 문제는 이 글에서 곧 뒤에 다루어질 것이다.

한다.42)

그는 그가 주장하고 주창하는, '의식과 직위의 보수'가 아닌 '진리의 보수'를 이루기 위해, '설교, 교육과 함께 제도개혁을 병행'하는 교회개혁 담론을 수행하기 위한 다양한 주장과 제안을 제시한다. 당회변혁을 제시하기도 하고43), 목사와 장로의 역할 정의를 시도하기도 하는 등 다양한 방안들과 제안을 시도한다.44) 그는 "교회개혁은 싸움 없이는 불가능하다. 교육만으로 교회의 개혁을 이루기는 어렵다. 잘못된 것을 개혁하고 고치기 위해서는 잘못된 것과 과감하게 맞서서 싸우는 용기가 무엇보다 필요하다."고 주장한다. 그의 교회개혁을 위한 '싸움'은 '순교의 피'를 요구하는 수준에 이른다.

이미 오래 전부터 많은 종교개혁자들이 교회의 개혁을 위해 생명을 걸고 싸웠듯이 오늘날 우리들도 끊임없는 교회개혁을 위해 생사를 건 선한 싸움을 싸워야 한다. 그리고 그것을 위해 피를 흘려야 한다. 이같은 희생이 있을 때 그 순교의 피 위에 교회의 개혁이 이루어지게 되는 것이다.45)

그런데 김동호 목사의 교회개혁은 그가 은퇴한 지 제법 시간이 지난 지금 여기에서 재평가될 필요가 있다. 그의 교회개혁 담론이 '순교의 피

---

42) 앞의 책, 38면.
43) _____, 127~139면.
44) _____, 53~123면.
45) _____, 180면.

위에' 이루어진 '진리의 보수'를 위한 것이었는가? 아니면 "꼭 제 책 때문만이었다고는 할 수 없으나 제 책이 출판된 이후 적지 않은 교회 안에서 분란이 일어났습니다. 목회자와 당회를 상대로 그동안의 옳지 못하거나 지나쳤던 일과 제도에 대하여 지적하는 일들이 일어났기 때문이었습니다."라고 그 자신이 고백했듯이 있듯이[46], 그의 교회개혁 담론이 한국교회 안에서 '싸움닭' 촉매 역할을 하면서 한국교회에 무수한 교회분쟁의 요인을 제공하는 역할을 했는지에 대한 판단은 후대의 역사가의 몫이라고 생각된다.

결론부터 말하면 김동호 목사의 교회개혁 담론들을 살피고 그의 활동들을 점검해본 결과, 필자는 김동호 목사의 교회개혁 담론이 〈복음주의〉와는 전혀 무관하다는 심증을 갖고 있다. 그가 말한 '선한 싸움의 기준'이 무엇인지에 대해 강한 의구심도 든다. 즉, 그가 말하는 교회개혁이 '순교의 피 위에' 이루어진 것인지에 대해 검증이 필요하다는 말이다. 그는 "교회란 하나님께 영광을 돌리는 곳이다. 교회란 사람이 영광을 받는 곳이 아니다. 하나님만이 영광을 받으시고 찬송을 받으시고 높임을 받으시는 곳이다. 하나님만이 중심이 되시는 곳이 교회다."라고 말한다.[47] 물론 옳은 말이다. 그런데 여기서 우리가 잠시 멈춰서 점검해야 할 사안은, '하나님만이 중심이 되시는 곳이 교회'라는 전제를 우리가 아무런 이의 없이 받아들인다면, 교회개혁을 논하는 김동호 목사

---

46) 김동호, 『하나님 제 덕을 보셔요』(규장, 2004), 108면.
47) _____, 『생사를 건 교회개혁』(규장, 1999), 176면.

의 담론도 '하나님만이 중심'이 되어야 하지 않겠느냐는 점이다. 만약 그렇다면 다행이지만, 만약 그렇지 않다면 그가 말하는 교회개혁은 진정한 교회개혁이 아니라 교회개혁을 앞세운 '교회개혁 마케팅(혹은 포퓰리즘)'이 되기 때문이다. 무슨 마케팅? 교회개혁 마케팅 말이다. 바꿔 말하면, 그의 교회개혁 담론이 '하나님 중심'이 아니라고 한다면, 결과적으로 그의 교회개혁 담론은 한국 사회와 한국교회 안에서, 그에게 문화·종교 권력의 한 자리를 선사해준 교회개혁 마케팅, 즉 인기영합주의에 지나지 않게 된다는 것인데, 이에 대한 논증은 곧바로 이어진다.

청년들과의 대화1: 〈복음주의〉와 겉도는 '교회개혁'은 교회개혁이 아니라 교회개혁 마케팅입니다.

　김동호 목사는 그 자신의 교회개혁 담론을 통해 '기득권층 vs 많은 선한 사람들'이라는 이분법적 프레임에 의해 기존의 한국교회는 모두 기득권층으로 간주하고 자신의 입장을 지지하는 사람들은 '선한 사람들'로 나누는 프레이밍을 설정하고 있었다. 앞서 살펴보았듯이 프레임은 '선택과 배제를 통해 일정한 패턴으로 재조직하는 프레이밍을 통해 특수한 의미를 부여하는 구성된 현실을 제공하는' 인식의 틀이다. 그의 교회개혁 담론에서는 이런 프레이밍을 통해 김동호 목사와 그의 지지자들은 '많은 선한 사람들'로 '선택'되고 나머지는 모두 '기득권층'이나 악한 사람들로 '배제'된다. 선/악, 기득권층/선한 싸움을 싸우는 선한 사람들'의 이원적 대립항으로 한국교회를 선택하고 배제하는 프레임 논리가 그의 교회개혁 담론 속에 선험적으로 자리잡고 있다는 사실에 주목해볼 필요가 있다.

　거기다가 이 프레임은 '선한 싸움'의 '승리'를 선험적으로 확보하고 있는 특이한 프레임이다. 앞서 소개된 '확신2'에 나타났듯이 하나님께서 이 싸움을 원하시기 때문에 용기를 가지고 나서면 반드시 승리하게 되는 프레임인 것이다. 상대방을(기득권층) 때리면 때릴수록 비판의 주체는 무조건적으로 도덕적 우월성을 확보하고 지지자들을 더 폭넓게 확보하게 된다. 그래서 '많은 선한 사람들'이 김동호 목사의 교회개혁 담론에 열광하게 되고 그를 후원하게 된다는 것이다.

그러니까 김동호 목사의 이런 프레임은 그의 교회개혁 담론이 무슨 내용을 담고 있느냐와 관계없이 선험적으로 바리새적 이데올로기를 담보하고 있다고 볼 수 있다. 바리새적 이데올로기를 담보하고 있다는 것은 그의 교회개혁 담론이 이미 시초부터 〈복음주의〉적인 것이 아니었다는 의미를 갖는다. 바꿔 말하면 그의 교회개혁은 '양의 문'이신 예수 안에 근거한 담론이 아니라는 말이다. 자신과 자신을 지지하는 사람들은 무조건 절대적으로 '선한' 사람들이며, 이 싸움은 무조건 절대적으로 '선한 싸움'이라는 전제를 깔고 있는 그의 교회개혁 담론은, 그 자체가 바리새적 나르시시즘 이데올로기를 담보하고 있음을 보여주고 있기 때문이다. 앞서 살펴본 이재철 목사와 다른 점이 있다면 같은 바리새적 이데올로기이지만 이재철 목사는 근본적으로 개인적 차원의 이데올로기에 머문 반면, 김동호 목사의 경우는 집단적('많은 선한 사람들') 차원의 이데올로기 성격을 갖고 있다는 점이다.

김동호 목사의 교회개혁은 사실 그가 교회개혁의 통로로 언급한 설교, 교육, 제도교육이 그 중심이 아니다.[48] 더 간략하게 말하면, 그의 '교회개혁'은 큰 교회 몇 개만 골라서 패면 된다. 교회 비리가 터진 대형교회나 세습 문제로 시끄러운 교회 등 어쨌든 유명한 대형교회 몇 개만 때리면 끝이다. 한국교회의 다른 교회들은 아예 안중에도 없다. 시쳇말로 몇 놈만 골라 패면 그 비판 주체의 주가는 올라가고, 두들겨 팬 만큼 비판 주체의 윤리적 우월성이 제고되면서 '많은 선한 사람들'의 지지와 열광을 받게 되는 것이다. 정확하게 말하면 그의 교회개혁은 '제도'개혁이 아니다. '교회' 개혁도 아니다. 그냥 비판이다. '골라 때리기'다. 바꿔 말하면 그의 교회개혁은 교회개혁도 아니고 제도개혁도 아니며 교회론적 목회론적 맥락에서의 정치적 올바름(PC)을 추구하는 정치적 담론이자 정치적 '골라 패기'다. 한국교회는 언제나 돈, 내분, 성 문제, 세습 문제 등등으로 끊임없이 문제들이 쏟아져 나오기 때문에, 김동호 목사와 같은 '교회개혁'론자들이 교회개혁 마케팅하기에 너무나 좋은 시장이다. 블루오션이고 황금어장이다. 거기다가 '승리'가 무조건 보장된 판 뒤집기고 해체작업이다. 또 거기다가 그의 교회개혁 담론은 결과적으로 그리고 현실적으로 그에게 문화 권력, 종교 권력을 담보해주고 선사해주지 않았던가.

그의 '교회개혁'의 결과는 무엇일까? 그 열매는 무엇일까? 필자가 보기에 확실한 건 교회개혁 마케팅과 교회개혁 포퓰리즘 담론 작업에 의해 김동호라는 담론 주체가 한국교회 안팎으로 문화 권력, 종교 권력의

---

48) 사실 이런 것들은 엄격하게 말해서 '교회'개혁이 아니라 '제도'개혁에 속한다.

중심권에 진입했다는 사실만이 손에 잡힌다. 그의 '교회개혁' 담론이 어떤 의미를 갖는지, 어떤 열매를 맺게 되었는지에 대해서는 이제부터 평가를 받게 될 것이다.

청년들과의 대화2: 김동호 목사의 교회개혁이 비(非) 복음주의적이었다는 반증들 중의 하나는 〈청어람〉입니다

　김동호 목사의 교회개혁운동의 성과에 대해서 필자는 별로 관심이 없다. 그의 제도개혁, 설교, 교육론에 대해 선악을 판단할 입장도 아니고 그런 의욕도 없다. 다만 필자는 여기서 그의 '교회개혁'운동이 얼마나 〈복음주의〉적이었느냐에 관심을 갖고 있을 뿐이다.

　교회개혁은 '교회'를 '개혁'한다는 말인데, 교회를 개혁한다는 것은 복음을 전제로 한다. 복음과 곁도는 교회개혁은 교회개혁이 아니다. 교회의 머리가 되시는 예수 그리스도와 관련 없는 교회개혁은 교회개혁이 아니라 교회개혁 마케팅이며 인기영합주의로 빠지기 쉽기 때문이다. 양의 문이 되시는 예수 그리스도를 통하지 않는 교회개혁 담론은 양의 우리(한국교회)에 담을 넘어 들어온 것으로 볼 수밖에 없기 때문이다.

　열매를 보면 그 나무를 알 수 있다. 〈청어람〉은 김동호 목사가 높은 뜻숭의교회의 담임목사로 있을 때 교회의 부설단체로 설립되었다. 그러니까 〈청어람〉은 김동호 목사의 교회개혁운동의 중요한 열매라고 봐야 한다. 김 목사는 "이제껏 목회하면서 제일 많이 돈 쓴 곳이 청어람이고,

최소한 다른 곳보다 3~4배는 썼을 것"이라며 "교인들은 청어람을 이해하지 못하지만, 김 목사가 하니까 나쁜 짓은 아니라 생각하고 지원하고 있다."고 주장했을 정도로 김동호 목사의 '교회개혁' 사역의 중심이었다고 할 수 있다.

지금은 물러났지만 오랫동안 청어람아카데미 대표를 맡았던 양희송 씨는 자신의 사역에 많은 영향력을 끼친 인물로 세 사람을 들었는데, 그 맨 앞머리에 나오는 이름이 김동호 목사다.[49] 양희송 씨는 이런 말도 했다. "청어람은 2005년 높은뜻숭의교회(김동호 목사) 내부기관으로 시작했습니다. 교회는 지상 6층, 지하 3층의 단단한 건물에 '청어람'이란 이름을 짓고 그 공간을 운영하도록 지원을 해주었습니다. 공공의 이익을 위해 최대한 활용해달라는 것 외에는 다른 사사로운 요구가 없었습니다. 그리고 연 1억 정도의 예산을 책정하여 프로그램을 마음껏 기획하여 진행하도록 해주었습니다. 덕분에 청어람은 개신교 영역에서 주목받는 구심점 역할을 할 수 있었습니다."

그런데 이렇게 김동호 목사의 교회개혁운동의 주된 열매라고 할 수 있는 청어람은 최근 차별금지법을 공식적으로 지지하는 성명에 참여한다. 청어람ARMC, 교회협 인권센터 등 110개 단체와 함께 차별금지법·평등법 지지 성명을 발표하면서 국회 정문 앞에서 긴급 기자회견 열어 법 제정을 촉구했다.[50] 필자는 여기서 굳이 차별금지법과 관련된 논

---

49) 크리스천투데이(2010. 6. 24.)

50) 뉴스파워(2020. 7. 25.)

쟁을 벌이고 싶지 않다. 다만 여기서 말하고자 하는 것은 청어람이 지지성명에 참여한 차별금지법이 〈복음주의〉적이냐 아니냐는 문제인 바, 필자가 보기에는 차별금지법은 〈복음주의〉적이 아니다. 인용하기가 좀 그렇지만 인내심을 갖고서 성명서의 일부를 인용하면 다음과 같은 부분이 나온다.

세상의 색이 오직 하나라면, 꽃과 나무의 모양이 온통 한 가지라면, 사람의 용모와 성격과 지향이 단 하나뿐이라면, 사는 게 너무 지루하고 숨 막힐 것입니다. 다양성이 있어 세계가 아름답습니다. 다양성은 하나님/하느님이 주신 선물입니다. 다른 얼굴, 다른 성격, 다른 지향 그대로 우리는 하나님/하느님의 평등한 자녀입니다. 차이를 이유로 누군가를 차별하는 것은 하나님/하느님의 창조 질서를 거스르는 것입니다.
하지만 우리 가운데 일부 근본주의 그리스도인들은 다양성을 부정하며, 다르게 생각하고 살아가는 사람들을 정죄하고 혐오합니다. 그들이 드는 이유는 언제나 "성경에 말씀하시기를"입니다. 물론 성경에는 고대 이스라엘 사회의 관습이 반영된 금지 조항들이 있습니다. 하지만 관습은 시대에 따라 변하는 것입니다. 성경의 관습적 조항 대부분을 지키지 않는 사람들이, 유독 특정 조항만 문자적으로 취해 절대화합니다. 성경을 근거로 소수자를 차별하는 것은 성경을 오독하고 오해하는 것입니다. 소돔이 멸망한 것은 동성애 때문이 아니라 타자에 대한 적대와 폭력 때문이었습니다. (「창세기」 19장) 낯선 나그네를 환대하지 않은 부족사회의 배타성과

폭력성이 파멸의 이유였던 것입니다.[51]

위에 나오는 인용에 대해 필자는 몇 가지만 말하고자 한다.

첫째, 하나님의 창조 질서는 '다양성'이 아니다. 하나님께서 창조하시고 부여하신 질서 자체가 공의이고 정의이고 사랑이다. 거기에 '지루'하다는 말까지 덧붙여서 '용모 성격 지향'의 '다양성'을 창조 질서라고 말하는 것은 남녀를 창조하시고 가정을 창설하신 하나님의 창조의 뜻에 대한 모독이자 반역이다.[52]

둘째, 교회는 성 소수자를 '차별'하지 않는다. 오히려 신좌파의 문화 마르크시즘에 입각한 동성애 지지자들이 교회가 성 소수자를 '차별'한다는 구실로 교회와 성경을 억압하고 통제하는 동성애 전체주의를 지향하고 있다는 게 진실 아닌가? 그러면서도 그들은 오히려 교회를 '차별'하고 궁극적으로 더 나아가 교회를 해체하려고 하고 있지 않은가?

셋째, 소돔이 멸망한 것이 동성애 때문이 아니라 타자에 대한 적대와 폭력 때문이었다고 하는데, 소돔 사람들이 적대적 폭력을 쓴 것이 무엇 때문이었다고 성경은 말씀하고 있는지 살피기 바란다. 동성애 때문이었지 않은가? 당신들이 말하는 성경은 무슨 성경인가? 성경에 나오는 하나님의 창조질서를 지키고 말씀에 순종하고자 하는 태도에 대해 동성애 지지자들은 언제나 '근본주의'라는 프레임으로 역공하는 전략을 구사한다. 하지만 입은 삐뚤어져도 말은 바로 하자. 그렇게 말하는 당신들은 무슨 주의인가? 비근본주의인가? 반창조주의인가? 그렇다면 당신

---

51) 뉴스파워(2020. 7. 25.) 참조.

52) 이 책의 앞부분에서 로이드 존스 목사가 복음주의의 태도로 정의하고 있는 (2)항을 참조할 것.

들이 〈복음주의〉가 아니라 동성애 이데올로기를 담보하고 있는 〈복음쥐〉 부류에 속한다는 사실은 방금 인용한 글 내용에서도 분명히 드러나고 있다.

필자가 보기에는 성명서에 나오는 이런 주장들은 철두철미 반(反) 복음주의적이다. 창조를 부인하면 복음도 없다. 창조 질서를 제 마음대로 바꾸는 복음은 복음이 아니다. '근본주의'라는 프레임으로 창조와 복음을 부정하고 파괴하고자 하는 태도는 소돔과 고모라의 동성애 신학보다 더 악하다.

그런데 정작 흥미로운 사실은 차별금지법을 지지하는 있는 〈청어람〉에 대해 김동호 목사가 취하고 있는 태도다. 안희환 목사는 김동호 목사가 자신이 만든 〈청어람〉의 차별금지법 지지 성명 참여에 대해 명확한 입장을 밝혀야 한다고 말하고 있다.

예수비전성결교회 안희환 목사가 최근 동성애에 대한 자신의 입장을 밝힌 김동호 목사에게 차별금지법에 대한 입장도 밝혀줄 것을 요구했다. 안 목사는 31일 본지 유튜브 채널에서 "'나 동성애(자) 품습니다. 그러나 (동성애는) 죄라고 생각합니다.' 그런 얘기 되풀이 말고, 그런 걸로 사람 현혹하지 말고, (차별금지법 지지자로 오해받고 싶지 않다면) '차별금지법안을 내가 반대한다, 차별금지법안을 지지한 청어람, 잘못했다, 틀렸다, 회개해야 한다.' 이렇게 한마디 하라. 그럼 해명 깔끔하게 된다."라고 했다.

김 목사는 지난 28일 자신의 페이스북에 "저를 동성애 지지자로 모는 것 같다. 동성애 지지하지 않는다. 동성애는 창조의 원리와 질서에 어긋나는 일이기 때문이고 성경의 가르침과 다르기 때문"이라며 "그러나 저는 그렇다고 동성애자를 교회 밖으로 배척해서는 안 된다고 생각한다. 간음은 죄지만 간음한 여인은 예수님도 품으셨잖은가. 같은 맥락이라고 생각한다."라는 글을 남겼다.

이에 안 목사는 "분명히 말씀드리지만 김동호 목사님을 동성애 지지자로 몬 적 한 번도 없다. 단 한 번도 그런 적 없다. 동성애 지지자로 몬 게 아니라 동성애 법안, 차별금지법안 지지하는 걸로 이야기한 것"이라고 했다.

안 목사는 "동성애자들도 사랑의 대상이다. 구원의 대상이다. 그들도 보살펴 주어야 한다. 예수님은 의인을 부르러 오지 않고 죄인을 부르러 왔다고 말씀하셨다. 예수님이 그렇게 말씀하셨는데 주님의 종들이 어떻게 감히 죄인이라고 동성애자를 배척하고 교회 밖으로 몰아내겠나. 절대로 그런 것 아니"라고 했다. 그러면서 "분명히 말한다. 동성애자 배척하지 않는다."라며 "동성애자를 품어야 한다는 말을 가지고 비판하거나 지적한 적 한 번도 없다. 동성애자는 품어야 한다. 반대하는 건 동성애 법안, 차별금지법안"이라고 했다. 이어 "동성애자를 품는 것 하고 동성애 항목이 들어간 차별금지법안을 지지하는 것과는 완전히 다르다."라며 "차별금지법안이 통과되면 한국교회 박살 난다. (그것의 근거가 되는) 자료는 넘치고도 넘친다. '동성애자 품되 차별금지법안은 반대하자.' 이게 구분이 안 가나?"라고 했다.

특히 최근 청어람ARMC가 여러 다른 단체들과 함께 차별금지법 제정을 지지하는 성명에 이름을 올린 것을 언급하면서 "만약에 소신 있게 말 잘하는 김 목사님이 차별금지법을 막아야 한다고 생각하셨다면, 아무리 본인이 만들었던 청어람이라 할지라도 그걸 잘못됐다고 지적할 수 있는 분"이라며 "그런데 절대로 지적 안 한다. 잘못이라고 생각 안 하시는 것"이라고 했다….[53]

김동호 목사는 왜 〈청어람〉에 대해 명확한 입장을 밝히지 못하는 것일까? 자신이 목회하던 높은뜻숭의교회의 많은 헌금을 수년 동안 쏟아부어서 세운 〈청어람〉에 대해, 차별금지법을 지지하는 그 〈청어람〉에 대해, 김 목사는 왜 명확한 입장을 밝히지 못하는 것일까? 많은 관점에서 설명이 가능하겠지만 필자는 한 가지만 밝히고자 한다.

앞서 인용에서도 나오지만 김 목사는 자신의 페이스북에 "… 동성애 지지하지 않는다. 동성애는 창조의 원리와 질서에 어긋나는 일이기 때문이고 성경의 가르침과 다르기 때문"이라고 밝히고 있다. 그런데 그는 동성애를 지지하고 옹호하는 차별금지법 지지 성명에 참여한 〈청어람〉에 대해 발언을 피하고 있는 이유는 무엇일까?

이는 지난날의 김 목사의 교회개혁이 교회개혁이 아니라 〈복음주의〉와 관련 없는 교회개혁 마케팅에 불과한 것이었기 때문이다. 당초 그가 생각한 교회개혁이 '하나님 중심'의 〈복음주의〉였다면, 지금 여기서 그는 청어람을 꾸짖거나 아니면 자신과의 관계에 명확한 선을 그어야 한

---

53) 『기독일보』(2020. 7. 31.)

다. 그런데 그는 그렇게 할 수 없다. 왜냐하면 그렇게 되면 그가 내세웠던 교회개혁이 교회개혁이 아니라 '교회개악'이었음을 스스로 인정하는 꼴이 되기 때문이다. 그가 교회개혁 운동의 일환으로 세운 〈청어람〉이 창조나 복음의 메시지를 부인하는 단체가 된 현실을 자신이 인정하고 고백할 용기가 없기 때문이다. 하여튼 〈날마다 기막힌 새벽〉 시리즈에서 볼 수 있는 김동호 목사의 〈복음주의〉적인 설교와 차별금지법을 지지하는 〈청어람〉 사이의 건널 수 없는 간극은 김동호 목사의 과거 교회개혁이 〈복음주의〉적인 것이 아니었음을 극명하게 보여주고 있다.[54]

  결론적으로 말해서 김동호 목사의 교회개혁 담론은 한국교회에 그가 한국 사회의 문화·종교 권력의 중심으로 들어가는 방편이 된 것은 사실이지만, 그가 스스로 말한 것처럼 '선한 싸움'에서 '승리'했다고는 볼 수 없다. 복음을 부정하고 창조를 부정하는 열매를 맺는 '선한 싸움'이란 존재할 수 없다. 그러니까 김동호 목사는 교회개혁 마케팅에 '승리'했을 뿐, 하나님 교회를 개혁하기 위한 '선한 싸움'에서는 '승리'하지 못했음을 〈청어람〉에 대한 그의 태도를 통해서 방증하고 있는 것이다. 그의 교회개혁 담론에 숨어 있는 집단적 바리새적 나르시시즘 이데올로기가 복음주의자 김동호 목사의 교회개혁 담론을 〈복음주의〉가 아닌 〈복음쥐〉로 만들었다고 봐야 한다. 바꾸어 말하면 그의 교회개혁은 양

---

54) 김동호 목사는 필자가 보기에 철두철미 복음주의자다. 단 그의 교회개혁 담론은 복음주의적이 아니다. 그의 교회개혁은 앞서 설명했듯이 집단적 바리새적 나르시시즘 이데올로기에 입각해 있기 때문이다. 김동호 목사의 경우 자신 안의 〈복음주의〉와 교회개혁 담론 속의 〈복음쥐〉(집단적 바리새적 나르시시즘)가 겉돌고 있다. 이건 이재철 목사의 경우 그 자신은 진지한 복음주의자이지만, 정작 그의 윤리설교 담론은 〈복음쥐〉(개인적 바리새적 나르시시즘)에 지배되고 있는 사실과 상동적(相同的)이다.

의 문이신 예수 그리스도를 통해서 양의 우리(한국교회)로 들어간 것이 아니라 집단적 바리새적 나르시시즘 혹은 정치적 올바름(PC)의 논리로 담을 넘어 들어간 이데올로기 담론이었다.

앞서 인용했던 김동호 목사의 말을 다시 인용한다. 그는 교회개혁에 대해 다음과 같이 말한다.

예수님은 우리가 잘 아는 새 포도주의 비유에서 새 부대를 준비하지 않으면 새 포도주를 담아둘 수 없다고 말씀하셨다. 새 포도주를 담아두는 것을 진리의 보수라고 정의한다면, 새 부대는 의식(意識)과 제도(制度)의 자유라고 정의할 수 있을 것이다. 포도주를 담아두는 부대는 언제나 자유롭게 바뀔 수 있어야만 새 포도주와 같은 진리를 보수할 수 있다는 것이 예수님의 말씀이다.

그런데 우리들의 문제는 포도주, 즉 진리를 보수하는 데는 별로 관심이 없고 부대를 보수하는 데만 관심을 가진다는 것이다. 그리고 그것을 보수주의라고 말하고 있다. 의식과 제도, 그리고 틀은 자유스럽게 바꿀 수 있어야 한다. 그것이 새 부대를 준비하는 것이라고 할 수 있다. 그러한 자유함이 있어야만 새 포도주 곧 진리를 보수할 수 있다. 부대를 보수하면 부대는 자연 낡은 부대가 되어 새 포도주, 즉 진리를 보수하지 못하고 잃어버리게 되는 것이다.

한국교회의 보수주의는 포도주의 보수가 아니라 자루와 부대의 보수, 다시 말해서 기득권의 보수가 아닌가 반성해보아야 한다. 자유해야 할 의식의 보수인가, 주님을 위해 흔쾌히 내어놓아야 할 자리의 보수인가 스스로

비판해보아야만 한다. 의식과 직위는 진리의 보수를 위해 오히려 과감하
게 내어놓고 버려야 하는 것들에 불과하다.[55]

김동호 목사는 필자가 보기에 '진리를 보수하는 데' 완연히 실패했다.
복음을 거부하는 차별금지법 지지 성명에 참여한 〈청어람〉이 그 명백
한 증거가 된다. 그의 교회개혁은 '진리를 보수하는' 일에 실패했고, '부
대를 보수하는' 일에도 실패했다. 그의 교회개혁론이 일부 소수 교회에
서는 약간의 효력을 발휘했을지는 모르나, 전체적으로 보면 전혀 그렇
지 않다. 반복되는 말이지만 그가 성공한 것은 교회개혁 담론을 내세
워서 한국교회와 사회의 문화·종교권력의 중심에 설 수 있었다는 사실
뿐이다. 그러니까 그는 교회개혁에는 실패했고 교회개혁 마케팅에 성공
한 독특한 '교회개혁'운동가다. 바꿔 말하면 그의 교회개혁 담론은 참
포도나무 되시는 예수님께 붙어있는 가지가 아니었다. 그렇지 않았다면
그의 교회개혁 운동의 가장 중요한 열매라고 봐야 할 〈청어람〉이 동성
애를 옹호하는 차별금지법을 지지하는 행태를 보여주는 사태로까지 진
전되지 않았을 것이다. 아니면 최소한 김동호 목사가 〈청어람〉에 대해
지금 보여주고 있는, 그런 어정쩡한 태도를 계속 취하고 있지는 않았을
것이다.

그의 교회개혁담론은 한국교회 비판 주체의 윤리성, 복음주의적 근
거를 되돌아보고 점검하게 만드는 하나의 시사점이 되지 않을까 생각된

---

55) 김동호, 『생사를 건 교회개혁』(규장, 1999), 31면.

다. 이런 관점에서 교회개혁지상주의와 교회부흥지상주의의 양극단을 경계하고 있는 한 목사의 지적은 경청해볼 만하다.

> 지나치게 개혁만을 부르짖다 보면 어느덧 그 마음 속에는 잘못된 것만을 찾아내려고 하는 비판의식만이 불균형하게 발달되어 생산적인 기여를 하지 못하는 경우가 많다. (내가 이렇게 말한 이유는)[56] … 개혁지상주의적인 사고가 하나의 이데올로기가 되어 사람들의 생각을 얽어매고 그 결과 교회부흥의 걸림돌이 되는 것을 경계하고자 함이다."[57]

---

56) 괄호 안의 내용은 필자가 문맥에 맞게 보충한 것임을 밝힌다.
57) 강경민, 『내가 본 홍정길 목사』(아가페, 1996), 6면.

• Chapter 4 •

홍정길 목사의 설교에
나오는 〈기독교 사회주의〉
환상 깨뜨리기

청년들이여, 부디
〈복음주의〉와 〈복음쥐〉를
분별하시라

4-1

지금, 여기에서 기독교사회주의 사회공학을 꿈꾸는 몽상가의 초상

홍정길 목사가 자신의 설교 세 편을 엮은 책, 『하나님의 이름은 자유입니다』(크리스천서적, 2021)를 읽었다. 중간중간 책을 읽다가 던져버리고 싶을 정도로 충격을 주는 부분들을 몇 군데 만났다. 그래서 그 후몇 달간 그 책을 쳐다보지도 않고 지내다가 다시 꺼내 정독을 했다. 홍정길 목사의 설교 담론을 이번 책에 다루기로 작정했기 때문이었다.

그래서 왜 그가 이런 말들을 했는지, 앞뒤를 재면서 곰곰이 책을 다시 읽어 내려갔다. 그리고 왜 그가 그런 충격적인 발언들을 했는지를 조금이나마 이해하게 되었다. 이해했다고 거기에 동의한다는 뜻은 전혀 아니다. 오히려 전혀 동의가 되지 않았기에 한때 굉장히 존경했던 그를 향해 감히 「지금, 여기에서 기독교사회주의 사회공학을 꿈꾸는 몽상가의 초상」이라는 제목으로 글을 쓰고 있는 것 아닌가.

홍정길 목사는 이 책 속에서 지난 2020년 총선 4.15 선거를 앞둔 시점에서 이렇게 말하고 있다. "이제까지 선거는 좋은 사람과 정책이 있는 정당을 뽑는 것이었다면, 이번 4.15 선거는 체제를 선택하는 선거임이

분명해져 가고 있습니다. 2017년 문재인 대통령께서 취임하면서 아무도 경험해 보지 못한 나라를 세우겠다고 선언하였습니다. 그것이 무엇인가 모두 기대했습니다. 그리고 그 과정에서 우리는 현실을 마주하고 있습니다."[58]

그가 말하고 있는 '체제'는 무엇인가? 아니 그가 주장하는 '체제'는 무엇인가? 그 '체제'는 사회주의 체제다. 더 정확하게 말하면 '기독교 사회주의' 체제다. 그는 이렇게 말하고 있다.

> 올해 1월 6일(필자가 검토한 바로는 2020년 2월 6일인 듯하다) 이인영 민주당 원내대표가 선거 이후의 포부를 말하면서 제시한 것들은 다 사회주의 정책이었습니다. 우리는 이것에 대해서도 세심하게 살펴보아야 합니다. 기독교 사회주의는 공산주의와 전혀 다릅니다. 아니 공산주의라고 할 수 없습니다. 스칸디나비아반도의 스웨덴, 노르웨이, 덴마크, 핀란드, 이 국가들은 기독교 사회주의 국가입니다. 복음 루터파 교회가 성경 공부를 많이 시킨 교단들입니다. 그들은 왕정 치하에서 자유를 확보한 이후에, 개인의 자유와 공동체의 자유를 어떻게 이룰지를 고심하며 사회주의에 서 있었습니다. 그리고 청교도를 중심으로 오직 말씀과 하나님의 주권을 강조했던 네덜란드와 스위스를 중심으로 그리스도인들이 자유와 함께 취약계층을 지원하고 더불어 살아가는 사회주의적인 색채를 띤 정책들을 수립하여, 주어진 자유의 혜택을 입지 못하는 사람들에게 자발적으로 골

---

58) 홍정길, 『하나님의 이름은 자유입니다』(크리스천서적, 2021), 56면.

고루 분배하는 제도를 시행했습니다. 그리고 이는 곧 전체주의인 공산주의의 서진을 막는 방파제가 되었습니다.

우리가 공론화해야 할 중요한 점이 있습니다. 우리에게 공산주의는 안되는 것입니다. 그러나 성경을 기반으로 발전한 입헌 군주제 하의 사회주의 국가들의 지혜로운 정책을 우리가 구체적으로 어떻게 받아들여야 하는가 하는 문제를 놓고 논의하면서 선택을 해야 합니다. 소비에트연방이 무너진 후, 기독교가 기반이 된 사회를 이루었던 동유럽 공산권 국가들은 민주화로 나아가지만, 동양의 국가들은 더 전체주의 국가로 변모하고 있는 형국입니다. 우리는 눈을 부릅뜨고 선거에 임해야 합니다. 우리가 지금까지 악전고투하면서 여기까지 발전시켜 온 자유민주의의 대한민국 체제를 어떻게 이루어갈 것인지 깊이 생각하며 결정해야 할 것입니다.[59]

이인영 전 민주당 원내대표의 '사회주의 정책'에 대해서는 조금 뒤에 살펴보기로 하고 일단 홍정길 목사의 논리를 인내심을 갖고서 간단하게 정리하면 이렇다. 이 책 전체를 읽어보면 그가 생각하고 있는 '기독교 사회주의'는 위의 인용에서도 나타나듯이 '개인의 자유와 공동체의 자유'가 조화와 균형을 이루는 사회공학을 전제한다. 그런데 이 책 전체를 곰곰이 읽어보면 홍 목사의 사고틀에서 볼 때 현재 대한민국의 자유민주주의(2021년 기준으로 볼 때 주사파 정권에 의해서 매우 위태로운 상태에 놓여 있긴 했지만)는 홍 목사가 지향하는 '개인의 자유와 공

---

59) 홍정길, 앞의 책, 56~58면.

동체의 자유'의 사회공학에서 반쪽에 불과하다. '개인의 자유'는 어느 정도 확보되었지만 '공동체의 자유'가 없다는 논리다. 그래서 대한민국을 4.15 총선을 통해서 그가 말하는 '공동체의 자유'까지 실현되는 체제로 바꾸어야 한다는 것이 그의 논지다. 그래서 그는 이인영의 '사회주의 정책'에 대해서 큰 기대를 갖고서 공감과 지지를 보낸 것이다.

그렇다면 이인영의 '사회주의 정책'은 무엇인가?《시사매거진》의 보도를 인용해 본다.

더불어민주당 이인영 원내대표가 지난 4일 한 언론과의 인터뷰에서 "이번 총선이 시장·종교·언론 등 분야의 기존 패권이 재편되는 계기가 될 것"이라고 언급하며 "총선 후 토지공개념과 비정규직 차별 해소를 위한 동일노동, 동일임금, 경자유전(耕者有田) 원칙 등을 개헌 주제로 다뤄야 한다"고 주장하며 특히 개헌 주제와 관련 "토지공개념을 적용할 필요가 있다"고 말했다.

더 나아가 이 원내대표는 이번 총선의 의미와 관련, "종교, 시장, 언론 등 분야에서 법으로 설명되지 않는 헤게모니가 있는 게 사실"이라며 "촛불혁명은 단순히 정권 교체만이 아니라 언론과 검찰, 재벌 등의 개혁을 제기했던 것이며 이번 총선을 통해 반영될 것이다"고 주장했다.

이인영 원내대표가 말한 4.15 총선 의미 관련 발언에는 여권의 속내가 숨어 있는데, 그 핵심은 크게 두 가지다. 첫째는 사회주의적 정책 도입, 두 번째는 각종 기존 패권의 교체이다.

이는 국민에 대하여 사전 예고한 가공할 만한 선언이며 총선 이후 헌법

개정을 통하여 대한민국의 체제 자체를 사회주의로 탈바꿈시키겠다는
공개적 선언인 것이다.

(…)

올 4월 총선은 여러 명의 국회의원 후보 중에서 단 하나의 청지기 국회의
원을 뽑는 단순선택의 문제가 아니라 대한민국이 사회주의, 포퓰리즘 독
재의 길로 가는가 아니면 자유주의 경쟁과 번영의 국가체제를 원하는가
하는 체제선택(體制選擇) 선거가 될 것이다.[60]

홍 목사가 지향하는 '개인의 자유와 공동체의 자유'를 담보하는 소위
'기독교사회주의' 사회공학과 이인영이 주장하고 있는 '사회주의 체제'는
과연 공유될 속성이 있을까? 누구나 그렇게 느끼겠지만 필자가 보기에
도 그건 불가능하다. 이인영이 주장하는 '사회주의 체제'는 공산주의로
의 중간 이행 단계로 파악된다. 종교·시장·언론의 헤게모니를 바꾸겠
다는 말은 자유민주주의 체제를 완전히 해체하고 공산주의로 이행하
기 위한 중간단계로서의 사회주의 체제를 수립하겠다는 의미로 볼 수
있다. 그러니까 홍 목사가 '기독교 사회주의'를 주장하면서 이인영의 '사
회주의 체제'에 대해 기대와 공감을 표현하고 있는 것은 몽상에 불과한
것으로 보인다.

---

60) http://www.sisamagazine.co.kr 2020. 2. 11.

영역/관점	홍정길 목사	이인영
1. 종교	스칸디나비아반도 국가의 루턴란교회	종교 헤게모니 해체
2. 시장	개인의 자유와 공동체의 자유 보장	토지공개념 등의 국가중심
3. 언론	언론 보장	언론 통제
4. 개인의 자유	자유민주주의는 사회주의 전단계	자유민주주의는 해체대상
5. 공동체의 자유	스칸디나비아반도 복지사회주의	중국 북한을 추종하는 좌파연성독재
6. 교회의 존립	교회의 예배 자유를 지향	교회 해체 대상
7. 지향모델	스칸디나비아 반도 국가의 사회주의	(사회주의 이행 후) 중국/ 북한식의 공산주의

필자가 임의로 만든 대조표에 의하면 홍 목사의 기독교 사회주의 담론은 지금 여기 한반도의 지정학적 상황과 역사·사회·정치·경제·문화적 상황에 대한 고려를 일체 배제한 채 자신의 머릿속에서 만들어낸 틀에 한반도를 억지로 끼워맞추려고 하는 비현실적인 몽상에 불과한 것임을 쉽게 확인할 수 있다. 문제는 이런 몽상이 비단 몽상으로만 그치지 않는다는 사실이다. 이런 류의 몽상은 현재 대한민국의 자유민주주의 체제를 파괴하고 해체하고자 노력하고 있는 PD·NL계열의 좌파 권력들에게 결과적으로 한국교회와 대한민국을 통째로 헌납하게 되는 무책임한 행위로 연결된다는 점이다.

물론 몽상은 자유다. 그러나 그 몽상이 혼자서 밀실에서 하는 몽상이 아니라 공적 영역에서 이루어질 때 그 담론의 주체는 자신의 몽상에 대해 책임을 져야 한다. 홍 목사가 개인의 자유와 공동체의 자유가 동시적으로 실현되는 사회를 꿈꾸는 것은 이해할 만하다. 충분히 선한 동기를 인정할만하다. 그러나 심정윤리만 가지고는 안 된다. 책임윤리 의식을 가져야 한다. 홍 목사의 이런 담론은 그런 주장이 가져오는 결과에 대해서도 책임을 질 수 있어야 한다.

만약 이 땅의 좌파권력에게 통째로 교회와 민족, 국가를 헌납한 이후에 닥칠 불행에 대해 홍 목사는 어떤 책임을 질 수 있단 말인가? 해방 이후 한반도 북쪽에서 김일성이 정권을 서서히 장악해가기 시작할 때, 일부 목사들이 김일성이 선지자라고 대중연설을 하고 다녔단다. 그런데 권총 차고서 그런 헛소리들을 하고 다녔던 그들이 지금의 북한에 대해 어떤 책임을 질 수 있는가? 없다. 이용당하고 처리됐을 게 뻔한 일 아닌가? 자신의 발언이 가져올 결과를 생각한 후 그것에 이르는 수단을 충분히 고려해서, 공적 영역에서, 말을 하고 글을 써야 한다. 김일성이 선지자라고 떠들고 다녔던 자들의 입술에서 나온 말이나 홍 목사가 이 책에서 진술하고 있는 내용과 별다른 차이가 없다고 필자는 단언하고 싶다. 막스 베버가 했듯이 선한 동기에 입각해 있다 하더라도 자신의 몽상이 다른 사람들에게 공동체에 어떤 피해를 가져올 것인지에 대해서는 충분히 생각할 의무가 있다. 이 점에서 목사도 당연히 예외가 아니다. 아니 더 큰 책임이 지워져야 한다.

사실 홍정길 목사가 주창하고 있는 '개인의 자유와 공동체의 자유' 프레임과 이데올로기는 비현실적이고 몽상적인 것이라고 폄하만 하기에는 망설여지는 면이 없지 않다. 주지하고 있듯이 홍 목사는 한국교회의 중심축의 한 계보에 속하는 인물이다.

1965년, 홍 목사가 스물네 살이던 때, 그가 한국대학생선교회(CCC) 활동을 하던 시절에는 민주화운동에 두 세력이 있었다. 박성준, 김근태, 신영복, 한명숙 등을 중심으로 한 민주화 중심 세력이 한 축으로 둥지를 틀고 있었고, 그들과 달리 홍 목사와 하용조 목사는 '우리 민족에게 주어진 숙제 가운데 복음화가 최우선이다.'라고 생각하면서 민족 복음화의 길을 선택했다. 그때 민주화운동 진영이 우리 복음화운동 진영에 함께 가자고 했을 때, 하 목사와 홍 목사는 민족 복음화를 확고한 우선 과제로 생각하고 이 목표에 매달려 살아왔다고 홍 목사는 진술하고 있다.[61]

그 이후 1985년에 이르러 기독교인이 천만이 되고 5만9천 교회가 세워지는 축복을 목도하게 되자, 홍 목사는 복음화가 이뤄진 다음, 이제 어디로 갈 것인지 고민하던 때에 민주화와 통일 문제가 눈에 들어오기 시작했다고 말하고 있다.[62]

그 이후 '남북한 기독교 교류와 선교협력'이라는 보수와 진보를 아우르는 범 기독교계 사업에 홍 목사가 중심적인 역할을 하게 되고, 남서울교회 개척한 지 1년 만인 1976년에 태국에 선교사를 파송하게 되었다. 그리고 '사회봉사위원회'라는 이름으로 구제사역을 하게 되고, 해외 유학 중인 대학생 선교 사역을 위한 '코스타운동'을 시작하게 되며, 장

---

61) 홍정길 외, 『화해와 평화의 좁은 길』(홍성사, 2013), 92면.
62) 위의 책, 93면.

애인들을 위한 '밀알학교'를 운영하게 되었다. 또 대북식량지원 사업에도 관여하는 등 선교와 통일을 위한 사업에 중심적인 역할을 해왔다.

이렇게 민족 복음화의 길을 걸어왔던 그가, 이후 민주화와 통일 문제와 관련하여 활발한 활동을 하면서 고뇌한 결과, 거시 담론으로 제시한 것이 '개인의 자유와 공동체의 자유'의 완전한 구현을 이루는 사회공학으로 볼 수 있다.

홍 목사의 '개인의 자유와 공동체의 자유'라는 프레임은 나름대로는 선하고 순수한 동기에서 비롯된 것이라고 볼 수 있지만, 어떤 의미에서는 그렇기에 더욱 위험하다. 나름대로 교회의 사회적·역사적 책임을 감당하고자 하는 열정을 이해할 수 있겠으나, 그러나 현실을 무시하고 배제한 이러한 추구는 몽상과 환상의 프레임에 불과하다. 특히 앞서 인용한 내용에 나타나듯이 홍 목사가 선택했던 길, 즉 '복음화' 쪽의 복음적 가치나 의미가 그가 주창하는 '개인의 자유와 공동체의 자유'라는 사회공학 프레임과 그 어떤 연결고리도 갖지 못한다는 사실 앞에 필자는 큰 충격을 받는다. '복음화'의 복음이 그의 사회공학과 전혀 연계성을 갖지 못한다면, 복음과 현실이 따로 노는 것이라면, 홍 목사의 '복음화'의 복음은 도대체 무엇이란 말인가?

어쨌든 그의 '개인의 자유와 공동체의 자유'라는 정치 프레임은 일정한 이데올로기의 기능을 수행한다. 그의 '개인의 자유와 공동체의 자유'라는 프레임은 대한민국의 정치경제 문맥 속에서 일단 자유민주주의를 수용하는 동시에 해체하는 이중적인 이데올로기 기능을 수행한다. 이와 동시에 이 프레임은 사회주의에 대해 친화적인 이데올로기 기능도 수행한다. 현행 대한민국의 자유민주주의를 부정하고 해체하면서 주사파 정권의 사회주의 정책 방향을 지지하고 옹호하는 이데올로기 기능을 수행하는 것이다.[63]

스웨덴 같은 나라의 모델이 이 땅에 어떻게 착목될 수 있겠는지, 어떻게 다른지, 어떻게 한국적 리모델링이 가능한지, 수많은 복잡다단한 논의들이 요구된다. 그런데, 그런 논의나 숙고 과정 없이 단박에 이인영의 사회주의 정책을 지지하고 따라가면, 뭔가 새로운 세계가 열릴 것 같은 기대를 갖는 태도는 모험주의적 사고인 동시에 자신이 설정한 프레임에 스스로 도취된 나머지 그 프레임이 제공하는 가상현실 속에 매몰된 형국을 보여주고 있다고 볼 수 있다. 자신이 설정한 프레임에 과도하게 몰입한 나머지 실재하고 있는 현실과는 전혀 관계없는 파생적 실재, 즉 가상현실을 홍 목사는 설교 속에서 주장하고 있는 셈이다.

현재 주사파 정권과 중국 공산당에 친화적인 권력자들이 권력을 장악하고 있는 현실 속에서(이 시점은 이 책이 쓰인 때가 아니다. 홍 목사

---

63) '개인의 자유와 공동체의 자유'라는 두 명제의 결합은 기계적으로 나란히 병렬시켜 놓는다고 현실화되는 개념이 아니다. 북유럽 국가 모델은 그들 나라의 역사적 특수한 전개과정에서 나온 것이지, 연역적으로 루터란 교회 어떤 목사가 만들어낸 것이 아니다. 미국 사회복음의 선두주자였던 라우센부쉬도 사회주의에 많은 영향을 받았으나 마르크스주의 혁명적 접근을 믿지 않았고, 무신론과 유물론을 거부했다. 그는 사회주의가 개인의 자유를 위협할 위험이 있음을 우려했다. 즉 사회주의가 실현되었을 때 국가에 예속되어 국가의 지시와 명령에 따라야 하는 데서 오는 인격적 자유의 침해를 부정적으로 보고 있다. [박원기, 『기독교 사회 윤리: 이론과 실제』(이화여자대학교 출판부, 1994), 147면 참조.] 좌파를 선호하는 목사들은 칼 마르크스 사고의 오류를 깊이 성찰해야 한다. 마르크스는 무산계급 독재 권력에 한계를 부여하지 않았다. 궁극적으로 그는 인간의 죄를 깊이 의식하지 못했고, 그 죄가 통치자들의 권력 남용을 어디까지 부추길 것인지를 고려하지 않았다는 사실을 좌파 목사들은 기억해야 한다. [존 프레임 지음, 조계광 옮김, 『서양철학과 신학의 역사』(생명의말씀사, 2021), 429면 참조.]

의 책이 발간되기 이전의 시점을 전제로 한다) 스웨덴 모델이 구현될 수 있다는 몽상적 가상현실을 주장하고 있는 담론은 필자를 너무 참담하게 만든다.

스웨덴 모델은 스웨덴이 창출해낸 사회민주주의 사회공학이 역사상 나타났던 그 어느 체제보다도 분배적 정의실현에 가장 탁월한 체제이며, 노동조합과 사민당의 정치적 연계가 자본가의 계급이기적 욕망을 가장 효율적으로 중성화하는 체제이고, 미국의 신보수주의에 대한 유럽적 대안체제라는 긍정적인 평가를 받고 있었다.[64]

하지만 살쯔요바덴 협약 이후 발전되어온 자본가와의 공생관계가 이제는 일종의 적대관계로 변질하게 될 가능성이 점차 짙어지고 있음에도 심각한 우려가 표명되고 있으며, 사실상 스웨덴에서 부르주아 정부의 등장은 단순한 정권 교체 이상의 의미를 내포하는 바, 최후의 사민주의의 보루가 무너졌다는 사실 이외에, 사민주의가 실천해온 '생산과 소비의 사회적 통제' 또는 '복지국가'의 이념이 퇴색하고 있는 징후, 통합적 노동운동에 바탕을 둔 노동조합과 사민당 간에 긴밀하게 발전된 이데올로기적 연대와 조직적 유대가 약화되고 있다는 징후 등이 스웨덴 모델의 위기와 한계가 현실적으로 드러나고 있는 것도 사실이다.[65] 스웨덴 모델은 1980년대 말 사회주의권의 붕괴와 유럽공동체의 출현, 그리고 신자유주의적 세계질서의 강화현상 때문에 출구가 차단된 것처럼 보인다는 데 문제가 있다. 즉 사민당에게는 사민주의 정치이념의 순수

---

64) 송호근, 『시작과 복지정치-사민주의 스웨덴 연구』(나남출판, 1999), 190면.
65) _____. 앞의 책, 190면 참조.

성을 훼손시키지 않으면서도 최근의 구조변화에 대처할 수 있는 정책적 자율성이 현격하게 축소되었다는 진단을 받고 있는 것이다.[66]

어느 글에서 홍 목사는 이런 말을 하고 있다.

> 이제껏 나는 합리와 논리에 따라 하나님이 주시는 말씀에 따라 살아가려 애써 왔다. 복음과 유사한, 복음의 가장 큰 적이 무엇이냐 하면 바로 '이상주의'이다. 합리주의가 그다음이다. 복음 안에서 이상주의가 자라야 하고, 복음 안에서 합리주의가 통용되어야 하는데 이 둘이 하나님을 대신하는 것이 문제다. 그건 인본주의적 교만이다.[67]

좋은 지적이다. 그런데 유감스럽게도 필자는 이상에서 살펴본 홍 목사의 책에서 '복음의 가장 큰 적'인 '이상주의'를 보고, '합리주의'를 만난다. 분명히 그의 '개인의 자유와 공동체의 자유'는 복음 '안'이 아니라 복음 '밖'에 있다. 홍 목사 나름의 '이상주의'이고 '합리주의'의 소산이다. 이런 관점에서 필자는 지금까지 살펴본 홍 목사의 책 『하나님의 이름은 자유입니다』에서 〈복음주의〉 0%, 〈복음쥐〉 100%를 읽어내게 되었음을 안타깝게 고백하지 않을 수 없다. 그의 '개인의 자유와 공동체의 자유'라는 프레임은 '이상주의'와 '합리주의'의 몽상적 이데올로기에 근거하고 있기 때문이다.

---

66) 송호근, 앞의 책, 254~255면 참조.
67) 홍정길 외, 『화해와 평화의 좁은 길』(홍성사, 2013), 114면.

그러나 '한국교회의 역사적 회심운동'이라는 당위성을 앞세운 현실참여
파는 그 후 기독교의 본질을 역사 속에 접목시키는 일에 실패하고 오히려
사회적 요구에 기독교가 어떻게 응답해야 하는가 하는 상황윤리의 결단
만을 요구한 나머지 결과적으로 성경의 메시지를 흐려놓은 결과를 가져
온 것이 사실이다. 성경적 의미의 구원은 실종되고 사회구원이나 민중신
학이니 하는 현란한 신학적 유희를 통해 성도들을 혼란시키는 오류를 범
했던 것이다.68)

위의 글은 『내가 본 홍정길 목사』라는 제목의 책 속에 있는 '사회변혁
을 껴안은 복음화의 열정'이라는 소제목의 장에서 한국교회 내 사회참
여운동을 했던 세력에 대해 언급되고 있는 글이다. 그런데 필자가 보기
에 이 비판은 오롯이 『하나님의 이름은 자유입니다』의 저자(홍정길 목
사)에게 그대로 돌아갈 수 있다고 본다. 『내가 본 홍정길 목사』의 저자
가 그의 책 속에서 홍목사에 대해 "이 시대의 대표적인 복음주의자요,
목회자인 홍정길 목사에게는 민족과 사회변화를 끌어안는 남다른 열정
이 있다. 그러나 어디까지나 그의 주된 관심은 복음 그 자체이다."라고
지적하고 있지만, 정작 필자는 『하나님의 이름은 자유입니다』라는 책
속에서 〈복음주의〉를 만날 수 없었고, '복음 그 자체'도 만날 수 없었기
때문이다. 오직 가상현실 속에 제조된 이데올로기로 장착된 〈복음쥐〉
만을 목격할 수 있었기 때문이다.

68) 강경민, 『내가 본 홍정길 목사』(아가페, 1996), 78면.

청년들과의 대화: 〈약자중심의 윤리〉=약자들의 등골을 빼먹는 〈약은 자 중심의 윤리〉

　필자가 보기에 이 땅에서 사회주의를 추구하는 사람들(범위를 좁혀서 말하자면 문재인 씨가 대통령 행세하던 시절의 권력자들)은 홍 목사가 주장하는 '개인의 자유와 공동체의 자유'의 가치를 지향하는 수준과는 전혀 거리가 멀다. 스웨덴 모델은 긍정적으로 볼 때 "정치학자 달(R. Dahl)이 다극체제의 딜레마로 불렀던 자율성(autonomy)과 통제(control) 간의 상호모순을 사민주의만큼 효율적으로 억제해 왔던 체제는 아직 없었다."라는 평가를 받는다. 다시 말해 사민주의 프로젝트는 근대 사회사상이 가장 곤혹스러워했던 지배양식(mode of governance)의 문제에 대한 탁월한 해답이었으며, '지배자는 누가 관리해야 하는가'라는 플라톤적 질문을 시민사회의 자율적 통제방식으로 해결하고자 했던 귀중한 시도이며, "시민사회의 자율적 통제는 흔히 체제 불안정을 촉발할 우려를 내포하지만, 사민주의는 '사회적 협약'과 '집단 간 신뢰'를 자율적 통제의 전제조건으로 상정함으로써 체제 불안정의 우려를 부식

시킬 수 있었다."라는 평가를 받고 있다.[69]

　그런데 이 땅의 상황은(여기서는 홍 목사의 책이 쓰인 문제인 정권 시점을 전제로 한다) 어떠한가? 문재인 정권 시절은 '지배자는 누가 관리해야 하는가'라는 지배양식의 관점에서 볼 때 어떠했던가? 홍 목사의 소망대로 '사회적 협약'과 '집단 간 신뢰'의 사회주의가 그 당시에 가능할 수 있었던가? 〈약자 중심의 윤리〉를 주장하는 좌파 지식인들이 이 땅에 가득했지만 실제로 그들의 삶은 솔직히 말해서 '약자들의 등골을 빼먹는 〈약은 자 중심의 윤리〉'를 보여주었다고 필자는 보고 있다. 여기서 '내로남불'의 전 세계적 영웅 캐릭터로 등극한 분을 새삼 이 자리에 소환할 생각은 없다.

　다른 한 가지 예만 들어본다. 윤미향 씨에 대한 기사보도를 읽기로 하자.

　'윤미향 공소장' 기소 379일 만에… 비판 여론 의식 뒷북 공개
　[이슈&탐사]
　김경택, 문동성, 구자창, 박세원 2021.09.30. 04:03

　윤미향 무소속 의원의 공소장이 검찰 기소 379일 만인 지난 28일 공개됐다. 법무부의 선택적 공소장 공개 문제를 지적한 보도(국민일보 9월 28일자 1·3면 참조)가 나온 후 법무부가 뒤늦게 국회 제출 결정을 내린 것이

---

69) 송호근, 앞의 책, 252면 참조.

다. 법조계에서는 "국민 관심이 높은 공인 사건 공소장을 첫 공판이 한참 지난 뒤에야 공개하는 것은 국민 알권리 침해"라는 비판도 제기됐다.

법무부는 윤 의원의 첫 공판이 열린 뒤 48일 만에야 유상범 국민의힘 의원실에 공소장을 제출했다. 국회 일부 의원실은 윤 의원 기소 직후부터 공소장 공개를 요구했으나 법무부는 이에 응하지 않아 왔다. 이는 공소사실이 드러나는 첫 공판 이후에는 국민 알권리 보장을 위해 공소장 전문을 공개하겠다던 법무부 방침과도 배치되는 것이었다. 더욱이 피고인은 현역 국회의원, 피해자는 일본군 위안부 할머니로 적시된 공소장을 비공개할 이유는 별로 없다는 지적도 많았다.

앞서 법무부는 '형사피고인의 공정한 재판을 받을 권리' 등을 이유로 국회의 윤 의원 공소장 제출 요구를 거부했다. 그러면서 공소장 전문 대신 보도자료 내용을 그대로 옮긴 A4용지 3장 분량의 공소사실 요지를 제출했다. 이번에 공개된 윤 의원 공소장은 52쪽이고, 이 가운데 37쪽은 세부 범행 내용이 적힌 범죄 일람표였다. 공소장 분량이나 국민적 관심에 비춰 상당히 축소된 공소사실만 공개됐던 셈이다.

윤 의원 공소장에는 범행 일시와 방법, 횟수, 횡령 액수 등 범죄 혐의가 상세히 드러나 있다. 일본군 위안부 피해자 할머니의 후원금 유용과 각종 후원금 횡령, 위안부 할머니의 심신장애를 이용한 준사기 등 공소사실이 포함돼 있다. 공소사실별 범행 기간과 범행 총액 정도만 적혀 있는 공소사실 요지와는 정보량에서 큰 차이가 있었다. 김한규 전 서울지방변호사회장은 29일 법무부의 뒤늦은 공소장 공개에 대해 "언론의 자유와 국민

알권리를 과도하게 침해하는 행위"라며 분노한 여론을 의식한 것 아니냐고 지적했다.[70]

일본군 위안부 피해자 할머니들을 위한 후원금을 빼돌려 개인 용도로 쓴 혐의 등으로 기소돼 재판을 받고 있는 윤미향 무소속(전 더불어민주당) 의원의 구체적인 횡령 내역이 4일 확인됐다. 윤 의원은 위안부 피해자들을 위해 모금된 돈을 고깃집이나 과자 가게, 마사지숍에서 쓴 것으로 나타났다. 또 자신의 교통 과태료나 소득세 납부 명목으로도 돈을 쓰기도 했다.

윤 의원은 2011년부터 작년까지 한국정신대문제대책협의회(정대협) 대표와 그 후신인 정의기억연대 이사장을 지내면서 위안부 피해자 후원금 중 1억여 원을 빼돌려 개인 용도로 쓰고(횡령), 정부·지자체의 보조금 수억 원을 부정 수수한 혐의 등 8가지 혐의로 작년 9월 기소돼 재판을 받고 있다. 하지만 그동안 공소장과 횡령 내역은 공개되지 않았다.
이날 국민의힘 전주혜 의원실이 법무부로부터 제출받은 윤 의원 공소장의 '범죄 일람표'엔 윤 의원이 후원금 1억37만원을 217차례에 걸쳐 쓴 내역이 담겨 있다. 이에 따르면 윤 의원은 2015년 3월 1일 'A 갈비'라는 가게에서 모금액 중 26만원을 체크카드로 썼다. 같은 달 23일엔 돼지고기 전문점으로 보이는 'B돈(豚)'이라는 가게에서 18만4000원을, 'C 과자점'

---

70) 이슈&탐사1팀, 김경택, 문동성, 구자창, 박세원 기자 ptyx@kmib.co.kr 2021.09.30. 04:03

에서 4만5,000원을 쓴 것으로 나온다. 그는 모금액 중 상당 부분을 음식점이나 식료품점, 면세점 등에서 소비했다.

그는 크리스마스이브였던 2014년 12월 24일엔 본인 개인 계좌로 받았던 모금액 중 23만원을 또 다른 본인 계좌에 넣었다. 2015년 7월엔 발마사지숍으로 보이는 'D풋샵'이란 곳에서 9만원을 쓴 것으로 돼 있다. 그는 자신이 내야 할 공과금을 모금액으로 충당하기도 했다. 2016년 4월 속도위반 교통 과태료 8만원을 정대협 계좌에서 빼서 납부했고, 2018년엔 정대협 계좌에서 25만원을 개인 계좌로 보내며 '윤미향 대표 종합소득세 납부'라는 메모를 붙인 것으로 나온다.

윤 의원의 217차례 횡령 중 대부분은 수만~수십만 원 크기였지만, 이따금 100만원이 넘는 금액을 공금에서 빼내기도 했다. 2018년 3월엔 피해자 할머니 쉼터 소장 손 모씨 명의 계좌에 들어있던 모금액 182만원이 별다른 용도 표기 없이 윤 의원 딸 계좌로 이체됐다. 손 씨는 윤 의원에 대한 검찰 수사가 본격화하던 작년 6월 극단적 선택을 했다. 2016년 7월엔 정대협 계좌에 들어있던 200만원이 '윤 의료비'라는 간단한 표기와 함께 윤 의원 계좌로 이체됐다.

윤 의원은 지난 8월 열린 첫 공판에서 횡령 혐의를 포함한 모든 혐의를 부인했다. 그는 재판에서 "지난 30년 동안 활동가로 부끄러움 없이 살아왔다."라며 "(검찰은) 정대협이 윤미향 사조직이라고 하는데 이는 수많은 사람의 땀과 노력에 대한 모욕"이라고 했다. 전주혜 의원은 "공소장대로라면 파렴치범이나 다름없는데도 윤 의원은 아무런 불법이 없다는 태도를

보이고 있다."고 했다.

윤 의원 사건은 작년 9월 기소된 지 11개월 만인 지난 8월 정식 재판이
처음으로 열려 아직도 1심 재판이 진행 중이다. 윤 의원 측이 공판준비기
일에 "검찰의 공소사실이 특정되지 않았다."라는 등의 문제제기를 했고,
재판부가 이를 받아주면서 재판 준비 과정이 길어졌다.[71]

필자는 검찰이 기소한 위의 내용이 사실이라는 전제 하에 이 글을 쓰고 있다. 만약 위의 기소 내용이 사실이 아닌 것으로 밝혀진다면 위의 기사들과 관련된 이 책의 내용은 모두 무효가 됨을 미리 밝혀둔다. 반면 만약 위의 기소 내용이 사실이라고 한다면 윤미향씨는 사회적 역사적 약자들을 도운다는 미명하에 정신대 할머니들의 등골을 빼먹은 '약은 자 중심의 윤리'의 삶을 잘 보여주고 있다고 할 수 있다.

홍정길 목사가 생각하는 이 땅의 사회주의는 지금 작금의 좌파 인사들의 행각들을 살펴볼 때 전혀 현실에 맞지 않는 몽상임을 다시 한번 확인할 수 있다. 루터란 개혁교회의 전통을 가진 스칸디나비아 반도의 복지 사회주의는 약자를 위한다고 하면서 약자들의 등골을 빼내어 갈비도 사먹고 마사지도 받는 '약은 자 중심의 윤리'가 절대 아니다.[72]

'약자 중심'의 윤리를 주장하는 것은 약자를 배려하는 것과 같은 말

71) 『조선일보』, 2021년 11월 16일(화)

72) 윤미향 씨는 탁선산 씨가 제시한 '사상과 생활의 네 가지 조합' 중에서 ③ 사상 좌파―생활 우파의 유형에 속한다고 할 수 있다. 민심은 처음에는 '사상 좌파'가 '생활 우파'일 수 있다는 걸 인정하지만, 그 어떤 임계점을 넘어서 탈법·부도덕의 혐의가 짙은 '생활 극우파'의 모습이 드러나는 일이 빈발할 경우 등을 돌릴 뿐 아니라 기만을 당했다고 분노하게 된다. [강준만, 『강남좌파』(인물과사상사, 2020), 57~58면 참조.

이 아니다. 왜냐하면 약자 중심의 윤리가 현실 속에서 어떻게 시행되느냐 하는 문제는 전혀 다른 차원이기 때문이다.

약자 중심의 윤리? 참 그럴듯한 말이다.

그런데 약자 중심의 윤리를 실현하는 사회 시스템에서 누가 권력을 잡느냐, 이게 문제다. 지배자를 누가 관리할 수 있느냐, 또 이게 문제다. 권력을 잡은 계급이나 집단이 약자 중심의 정치를 펼친다는 보장이 어디 있는가? 만약 그게 거짓이거나 사기라면 그 사회 시스템을 어떻게 다시 이전으로 되돌릴 수 있는가? 지금 중국 공산당이 약자 중심적인가? 귀족 공산당(태자당) 중심이 아닌가? 인민들은 개돼지 취급당하고 있지 않은가? 북한이 약자 중심적인가? 김일성 왕통 외에는 모두 약자 아닌가? 이 두 나라는 약자들의 등골을 빼먹을 뿐 아니라 인간으로서의 자유를 누려야 할 최소한의 존엄성, 굶어 죽지 않을 수 있는 최소한의 생존권까지 박탈하는 '약은 자 중심의 윤리', 즉 당 중심을 주장하는 나라가 아닌가?

필자가 보기에 지식인들이 고안해낸 '약자 중심의 윤리' 논리는 추상적이고 관념적인 지적 유희에 불과하다. 예를 들면 윤미향 사건과 관련해서 '약자'를 편드는 좌파 카르텔의 목소리를 제대로 들어본 적이 없다는 사실이 그 명확한 증거가 된다. 문재인 좌파 정권이, 늘 약자 타령하며 약자를 돕는 것이 정의라고 부르짖고 있는 좌파 정권이, 탈북민 문제에는 싸늘했다는 사실도 그 증거 아닌가. 지금 이 땅의 약자 중의 하나는 탈북민이 아닌가. 탈북민 모녀가 굶어 죽는 사건이 일어나고, 탈북민들이 이 정권에 대해 소외감과 분노로 들끓고 있지만, 문재인 좌파 정권은 이들 약자를 제대로 돌보지 않았다. 살기 위해 북에서 탈출한 사람들을, 다시 북으로 고스란히 돌려보내기도 했던 그들에게 도대체 '약자'는 무엇을 의미하는지, 청년들이여 다시 곰곰이 생각해보시기를 권면드린다.

사실 '약자 중심의 윤리'에 현혹된 사람들이 교회 안에도 적지 않다. 그러나 생각해보면 '약자 중심의 윤리'는 양의 문이신 예수 그리스도를 통과한 목자의 말이 아니다. '약자 중심의 윤리'라는 사회철학 윤리철학으로 사람들을 현혹하기 위해 담을 넘어 몰래 양의 우리로 들어온 악한 목자의 목소리임을 기억해야 한다. '약자 중심의 윤리'와 '약은 자 중심의 윤리'는 '은'이라는 한 글자만 빼면 글자가 판에 박은 듯 똑같다. 글자들도 거의 비슷하지만 그 정치공학적 의미도 비슷하다. 전자에 미혹되면 대부분의 사람들은 후자가 선사하는 지옥을 맛보게 된다는 점에서 그러하다.

칼 마르크스가 무산계급의 독재를 강조하면서 무산계급에게 권력이 집중되어야 한다고 주장했지만, 그는 집중된 권력을 부여받는 인간이 어떤 존재인지를 생각하지 못했다. 그 인간이 죄인이라는 사실을 고려하지 못했다. 이런 의미에서 '약자 중심의 윤리'를 고안해내는 철학자들은 철학이고 윤리이고를 떠나서 최소한 창세기 1장에서 3장까지라도 제대로 읽어보기를 바라는 마음이다.

청년들이여, 성경적 복음 가치를 인정하지 않는 지식인들의 윤리와 철학을 쉽게 받아들이고 신봉하면 안 된다. 칼 마르크스 이후 신좌파에 이르기까지 좌파 지식인들은 어떻게 하든지 지식인의 명예의 전당에 자신의 이름을 박아넣기 위해 온갖 지적 유희와 거짓 담론들을 생산하고 있음을 알아야 한다. 청년들이여, 그들의 담론들이 던져주는 교만 의지와 지적 허영심의 달콤함에 빠지지 않고 속지 않게 되기를 간곡히 부탁드린다. 성경의 진리를 떠난 철학과 윤리는 세상이 뭔지도 모르고 생명이 뭔지도 모르며 어떻게 윤리가 되는지도 모른 채 떠들어대는 바벨탑 지식인들의 헛소리에 불과함을 청년들이여 기억하시라.

• Chapter 5 •

이찬수 목사의 설교 속에
나타나는
〈복음주의〉와 〈복음쥐〉의
위태로운 뒤섞임

청년들이여, 부디
〈복음주의〉와 〈복음쥐〉를
분별하시라

한국교회 저주 프레임에 내재된
바리새적 효과와 윤리 마케팅

몇 년 전 분당우리교회 정진영 목사가 설교 중에 동성애는 대세라는 발언을 해서 많은 논란을 낳았다. 거기다가 이 교회는 담임목사인 이찬수 목사가 과거 설교 중에 신영복 교수의 『더불어 함께』라는 책 제목을 언급하면서 '이런 점에서 신 교수를 존경하는데요'라고 말했던 사실로 인해 '좌파 목사'라는 공격까지 받고 있었다. 이런 와중에 이찬수 목사가 정진영 목사의 설교에 대해, 동시에 자신이 신영복 교수에 대해 언급했던 발언에 대해 해명하는 내용이 들어있는 설교를[73] 필자는 우연히 듣게 되었다. 그리고 그 설교 결론 부분에 이르러, 필자는 이찬수 목사가 손봉호 교수의 책을 인용하고 있는 사실을 목격하게 된다.

원래 인용은 인용 그 자체가 정치학적 목표를 갖는다. 일반적으로 인용은 인용 대상의 권위를 인정하고 그 권위에 기대고자 하는 의도를 갖는다. 설교 내용을 들어보면 알겠지만, 이찬수 목사가 손봉호 교수의

---

73) 2019년 6월 16일 분당우리교회 주일설교 〈하루살이는 걸러내고 낙타는 삼키고〉

책 일부 내용을 인용한 정치학적 목표는 분명했다. 필자는 이 목사가 두 가지 논란과 관련해서 손봉호 교수라는 권위를 내세워 자신과 정진영 목사, 그리고 분당우리교회를 비판하는 논리들을 맞받아치려는 담론 전략을 사용하고 있음에 주목하지 않을 수 없었다. 대형교회 목사이자 한국교회 차세대 지도자급 목사가 자신의 교회를 둘러싼 논란을 잠재우기 위해 그의 저서를 인용해 설교의 결론을 삼을 정도로[74] 손봉호 교수의 권위는 한국교회 안팎에서 막강하다. 이찬수 목사는 그를 인용한 직후, '한국교회의 원로이자 어른'이라는 극상의 수사학을 그에게 헌정하고 있었다. 이찬수 목사는 손봉호 교수의 어떤 점에서 그를 높이고 있었던 것일까? 이찬수 목사가 그의 설교 속에서 인용했던 손 교수의 글을 먼저 보기로 한다.

한국교회가 초기처럼 예수님이 낙타에 비유했던 '정의와 긍휼'에 힘을 기울였다면 그때 누렸던 도덕적 권위를 계속 유지할 수 있을 것이고 하루살이같은 동성애와의 싸움에도 쉽게 이길 수 있었을 것이다. 건국 후 상당기간 개신교만 군목을 보냈는데도 다른 종교와 사회 누구도 이의를 제기하지 않았다. 그만큼 기독교가 국민의 신뢰와 존경을 받았기 때문이다. 지

---

74) 여기서 이찬수 목사님의 설교를 가져온 것은 이 글을 이야기식으로 끌고 가려는 글쓰기 전략의 일환으로 이해하면 된다. 설교할 때 예화를 도입하는 그런 방식이라고 보면 될 것이다. 망설임의 시간이 없진 않았지만 고뇌 끝에 결국 논의를 보다 더 구체적으로 명확하게 하기 위한 방편으로, 이 방식을 시도하기로 했다. 사실 교회 홈페이지에 설교를 올리는 것 자체가, 그 설교를 텍스트, 즉 해석의 대상으로 인정하는 커뮤니케이션 행동이다. 성경은 신성불가침의 영역이지만 설교 텍스트는 그렇지 않다. 필자가 보기에 이찬수 목사의 이 설교는 한국교회가 안고 있는 예민한 쟁점들을 우리로 하여금 다시 직면하게 만드는 중층적 의미의 텍스트가 되고 있다.

금은 도덕적 권위를 상실해서 기독교가 아무리 옳은 주장을 해도 "너나 잘하세요!" 야유만 받게 되었다. 지금이라도 낙타와 하루살이를 구분하고 낙타에 집중해야 하루살이를 구할 수 있다. 정직하고 공정해서 정의를 실천하며 하나님과 믿음을 돈, 명예, 권력 같은 하급 가치를 얻는 수단으로 착각하는 우상숭배를 중단하고 하나님이 주신 복을 약한 자에 대한 긍휼에 사용하면 영적 전쟁에서 결코 패배하지 않을 것이다….75)

이찬수 목사가 손봉호 교수의 글을 매우 논쟁적인 설교 속에 가져온 이유는 무엇일까? 일단 인용된 손 교수의 글을 분석해보기로 하자. 손봉호 교수가 위의 인용 부분에서 초점을 맞추고 있는 것은 '도덕적 권위'다. 첫 문장은 '정의와 긍휼'에 힘쓰지 못했기 때문에, 즉 '도덕적 권위'를 상실했기 때문에, '하루살이 같은 동성애'와의 싸움에도 쉽게 이기지 못하고 있는 한국교회의 현실을 지적하고 있으며, 그 뒤의 문장들의 내용도 마찬가지다. 한국교회가 '도덕적 권위'를 완전히 상실했음을 반복해서 강조하고 있다. "지금이라도 낙타와 하루살이를 구분하고 낙타에 집중해야 하루살이를 구할 수 있다"라는 그의 전제에 혹시나 하고 희망을 거는 독자가 있을지 모른다. 하지만 손봉호 교수의 논리 속에서 한국교회는 "아무리 옳은 주장을 해도 '너나 잘하세요' 야유만 받게 되는" 존재로 규정될 뿐, 도덕적 권위를 회복할 가능성은 전무한 것으로 파악된다.

---

75) 손봉호, 『주변으로 밀려난 기독교』(CUP, 2017), 161~162면.

그렇다면 한국교회가 '정의와 긍휼', '도덕적 권위', 즉 '윤리'를 상실했다고 비판하고 있는 손봉호 교수의 위의 담론이 말하고 있는 '윤리'는 무엇인가. 사실 한국교회가 윤리적으로 타락했다고 비판하기만 하면, 그 언술 주체의 담론이 무조건 '윤리적'인 정당성을 확보하는 것은 아니지 않는가? 이런 관점에서 손봉호 교수가 한국교회 전체를 비판하고 있는 담론들에 나타나는 '윤리'가 어떤 윤리인지는 정확하게 분석되고 해석되어야 한다. 다시 말해서 한국교회의 타락을 비판한다고 해서 무조건 그 비판 주체의 담론이 '기독교' 윤리가 되는 것은 아니다. 더 정확하게 말하면 한국교회의 윤리적 상황을 비판하는 사회윤리 운동가이자 사회활동가로서의 담론일 뿐이다. 따라서 한국교회 비판 담론에 나타나는 그의 '윤리'의 정체는 정확하게 규명될 필요가 있다.[76]

문제는 손봉호 교수의 '윤리'에는 복음, 즉 예수 그리스도가 완전히 빠져 있다는 점이다.[77] 기독교 신앙에는 그리스도에 대한 가르침으로서의 교리와 그리스도의 길로서의 윤리, 이 모두가 있어야 한다. 윤리를

---

[76] 손봉호 교수의 『고통받는 인간』(서울대학교출판문화원, 2016) 171면 전후를 보면 손 교수는 '고통'의 문제에 대해, 죄라는 '교리'의 측면은 무시하거나 부정하고 '고통'의 해결을 위한 사회윤리적 측면에만 주목하고 있다. 이는 손 교수의 윤리 지향점이 '기독교' 윤리가 아니라 '사회' 윤리임을 잘 보여준다.

[77] 이런 필자의 해석은 이 문맥뿐만 아니라 손봉호 교수의 전체 텍스트 문맥에서 가져온 것임을 미리 밝힌다. 단적인 예들 중의 하나는 그가 「마태복음」23장23절~24절을 인용하면서 '낙타'로 가져온 '정의'와 '긍휼'과 '믿음' 중에서 세 번째인 '믿음'을 빼버린 채 앞의 두 가지만 윤리 이데올로기의 근거로 사용하고 있다는 점이다. 앞서 읽었던 그의 글을 통해 확인해보자. "한국교회가 초기부터 예수님이 낙타에 비유했던 정의와 긍휼에 힘을 기울였다면 그때 누렸던 도덕적 권위를 계속 유지할 수 있을 것이고 하루살이같은 동성애와의 싸움에도 쉽게 이길 수 있었을 것이다.…" 왜 그는 세 번째 '낙타'인 '믿음'을 빼버렸을까? 그에게 '믿음'은 그만큼 부담스러운 것이기 때문이다. '믿음'을 '믿음'이 아니라 '성실'로 '신실'로 번역해야 한다고 주장할 수도 있었겠지만, 그렇게 한다고 해서 사태가 근본적으로 해결되는 것은 아니기 때문이다. 그래서 그는 절대자 하나님의 존재를 전제로 하는 이 단어를 아예 빼버리기로 한 것으로 봐야 할 것이다. 여기서 우리는 성경 말씀을 자신의 생각과 논리에 억지로 끼워맞추려는 해석의 행태를 손 교수에게서 목격하고 있다.

축소하고 교리만을 강조하는 사람의 삶은 공허하며, 교만해지거나 율법주의에 빠지기 쉽다. 그들은 교리적 지식을 남을 정죄하는 데 사용할 가능성이 크다. 반대로 윤리만을 추구하고 교리를 소홀히 여기는 사람은 맹목적이며, 방향성을 상실한 채 길을 잃게 될 것이다. 이 사람들은 그저 시대의 유행을 따를 뿐, 자신에게 주어진 사명을 찾지 못한 자들이다. 순전한 기독교 윤리는 바른 교리와 바른 실천 모두를 붙잡아야 한다. 그것이 바로 복음이다.[78] '윤리'가 '교리'와 균형을 맞추지 않고, '윤리' 자체를 절대화하는 순간, 그 '윤리'는 이데올로기가 된다.[79]

이렇게 볼 때 절대화된 윤리로 장착된 손봉호 교수의 교회 비판 프레임을 경배하고 찬탄하는 태도로 받아들인 이찬수 목사의 사고 속에는 그 프레임 속에 내재된 이데올로기가 작동되는 것으로 볼 수 있다.[80] 이 목사는 그는 자신도 모르는 사이에 무의식적으로 그 이데올로기 명령에 복무하는[81] 이데올로지스트가 되는 셈이다. 크리스천이 윤리를 강

---

78) 우병훈, 『기독교 윤리학』(복 있는 사람, 2019), 13면.

79) '윤리'를 강조하고 '교리'를 소홀히 했던 19세기 독일의 자유주의 신학에서는 자연스럽게 삼위일체론이나 그리스도의 신인성 문제 같은 주제는 무시된다. 윤리학이 그 역할을 진정으로 감당하기 위해서는 성경에 나타난 하나님의 계시로 돌아가서 교의학적 주제들과 씨름해야 한다. "윤리학 없는 교의학은 공허하고, 교의학 없는 윤리학은 맹목적이다." 우병훈, 앞의 책, 32면 참조. 예수님을 배제하고 교리를 배제한 손 교수의 '윤리'는 그 자체를 '맹목적'으로 절대화함으로써 이데올로기화할 수밖에 없다. 손 교수의 사상적 편력 과정을 살펴보면 그의 '이데올로기화된 윤리'는 범박하게 말하자면 초기에는 유교적 선비의식과 검약정신과 불교적 무소유 등등의 사유 형태를 띠고 있다가 점차적으로 사회주의 이데올로기 쪽으로 수렴되어 간 것으로 추론해볼 수 있다.

80) 이 사실은 조금 뒤에 나오는 설교 분석에서 확인된다.

81) 필자는 이찬수 목사가 '무의식적으로' 손 교수의 이데올로기·프레임 코드를 수용하고 반복 생산한다고 본다. 그렇지 않다면 자신이 한국교회를 향해 프레임으로 공격하다가, 바로 십자가로 돌아가는 설교는 좀처럼 나오기 힘들다고 봐야 한다.

조하는 것은 당연한 일이지만 윤리만을 절대적 진리와 기준으로 받아들일 때 크리스천은 자신이 매우 위험한 상태에 놓여 있음을 깨달아야 한다. 모든 상황 속에서 크리스천은 매 순간 하나님 말씀의 빛으로 자신의 내면을 점검하고 체크해야 한다고 하는 이유가 여기에 있다. 윤리를 받아들이면 무조건 괜찮은 신앙이 될 거라고 착각하면 안 된다. 착각은 자유다. 그러나 그 착각의 책임은 자신에게 전가됨을 언제나 크리스천들은 기억해야만 한다. 이런 관점에서 이찬수 목사의 설교 〈하루살이는 걸러내고 낙타는 삼키고〉를 분석해서 어떻게 〈복음주의〉와 〈복음쥐〉가 뒤섞이게 되는 것인지를 살펴보기로 한다.[82]

이찬수 목사 설교 〈하루살이는 걸러내고 낙타는 삼키고〉의 담론 전개 과정을 분석하면 다음과 같다. 설교의 일부를 주관적으로 선택하는 오류를 원천적으로 방지하기 위해 필자는 일단 설교 담론 전체 이야기 단위를 하나도 빠뜨림 없이 나열하기로 한다.

(1) '적군보다 무서운 아군의 오인 사격' 예화

(2) 후배가 보내준 메일 내용: 한국교회의 주적은 교회 밖에 있는 동성애나 이슬람이나 북한 문제가 아니라 교회 안의 폭력성과 분열, 즉 '내부 총질'이다. 가나안 성도 (예수는 믿지만 교회 안 나가는 성도)는

---

82) 이미 이 설교는 졸저, 『손봉호 교수는 누구인가』(세컨리폼, 2020)에서 다룬 바 있다. 프레임-이데올로기-복음쥐의 코드와 복음-십자가-복음주의의 코드가 이 설교 속에 동시에 뒤섞여 나오는 좋은 예로 이 설교를 다시 재정리하고 설명하면서 분석하기로 한다. 이찬수 목사의 설교의 이런 이중적 코드는 이재철 목사의 설교 속에 바리새적 나르시시즘과 복음이 뒤섞여 교차하는 이중적 코드와 매우 유사하다.

이슬람 동성애가 아니라 교회 안의 이기주의 탐욕과 분열, 갈등, 폭력적 태도 때문에 교회를 떠난 경우가 많다.

(3) 분당우리교회를 향한 이상한 열기, 과열 현상에 대한 우려 표명

① 이찬수 목사는 동성애 잔치 퀴어축제에 반대하며 청소년 영향에 대해 우려하고 대책 수립에 만전을 기하고 있다.

② 분당우리교회 부목사 한 사람이 수요설교 중 동성애에 대해 언급하면서 조금 흥분한 상태에서 원고에 없는 내용을 툭툭 던지다가 표현의 실수가 있었다. 그래서 본인이 몇 차례 공식적으로 사과했고, 자숙을 표명했다. 그리고 교회에 걸려 오는 전화들마다 교회가 정중하게 사과했음에도 파장이 수그러들기는커녕 일파만파로 확산되고 있다.

③ 여기에 이정훈 교수가 '이찬수 목사, 신영복 교수를 존경합니다?'라는 글을 페이스북에 올린 사건이 일어났다. 이정훈 교수는 동성애는 이미 대세라는 부목사의 발언은 단순한 해프닝이 아니고 위험한 비성경적인 목회에서 비롯된 것일 수도 있겠다고 지적했다. 무슨 일인가 알아보니 수년 전에 에스라 선지자가 보여주었던 '함께'의 정신을 강조하는 의미에서, 신영복 교수의 〈더불어 숲〉, 〈여럿이 함께 숲으로 가는 길〉이라는 저서의 제목을 인용하면서, "이런 차원에서 성공회대 신영복 교수님을 이런 면에서 존경하는데요."라고 한마디 말한 적이 있었다. 그런데 이 일로 인해 좌파 목사, 좌파 교회는 회개해야 한다는 비난이 인터넷상에서 쏟아지고 있다.

④ 댓글 몇 가지 소개–'내부 총질'

⑤ 이찬수 목사의 고뇌–지난 정권 시절에는 '골통 보수'로 10년 동안 비난받다가, 정부가 바뀌는 순간, 이제는 '빨갱이'로 비난받는 소회를 말함. 슬픔, 기독교의 저질스러움, 무례함, 예의 없음을 탄식하고 책망함. "슬픈 거예요. 저질스러운 거죠. 우리 기독교가 말이에요. 분위기에 편승해서 이렇게…"라고 절망감을 표현함. 상상을 초월하는 무례함, 홈페이지에서 보이는 예의 없는 행태를 탄식함. 교회는 죽어도 놓치면 안 되는 것이 예의라고 강조하면서 사랑은 무례히 행치 않는 것이라고 말함.

(4) 엡6:12-13

12. 우리의 씨름은 혈과 육을 상대하는 것이 아니요, 통치자들과 권세들과 이 어둠의 세상 주관자들과 하늘에 있는 악의 영들을 상대함이라

13. 그러므로 하나님의 전신 갑주를 취하라. 이는 악한 날에 너희가 능히 대적하고 모든 일을 행한 후에 서기 위함이라 라는 말씀을 읽은 후, 이런 영적 전쟁의 의미를 모르기 때문에 혈과 육의 싸움을 싸우면서 내부 총질을 하고 있다고 강조함. 하나님의 전신 갑주를 입어야 함을 강조. 정 목사도 적이 아니라고 강조. 적과 아군을 구분해야 한다, 이정훈 교수도 적이 아니다. 명예훼손죄로 반격하자는 주위의 권유를 뿌리치고 있다고 말함. 용서하는 게 이기는 것이라고 강조함. 여기서도 또다시 이찬수 목사는 이런 일을 당한 본인의 슬픔을 강조함.

(5) 주님의 질책으로 받은 설교 본문(마23:23-24)을 인용한 후 하루 살이도 걸러내야 하지만 낙타도 삼키지 않아야 한다고 강조. 하 루살이는 걸러내고 낙타는 삼키는 기독교인들의 세태를 탄식. 술·담배 같은 하루살이를 걸러낸다고 안도해서는 안 되고 정죄하 고 공격하고 용서 없고 긍휼 없음으로 인해 낙타를 마구 삼키는 현실을 개탄함. 여러분의 하루살이는? 여러분의 낙타는? 물음을 던짐. 긍휼 없음이 낙타임을 강조함.

(6) 회복해야 할 세 가지, 정의와 긍휼과 믿음에 대해 설명함. 말과 행실로 다른 이웃에게 해를 끼치지 않는 태도가 정의이며, 어떤 사람의 필요에 따르는 친절함, 자비와 동정을 베푸는 것이 긍휼이 며 상대방에게 인격적으로 신뢰받는 신실성이 믿음이라고 설명. 「디도서」 2장 10절을 인용하면서 삶으로 성품의 신실함으로 다른 사람들에게 먼저 자신을 보여주는 삶이 되어야 함을 강조함.

(7) 그러면서 손봉호 교수 저서 『주변으로 밀려난 기독교』를 인용함. 특히 "지금이라도 낙타와 하루살이를 구분하고 낙타에 집중해야 하루살이를 구할 수 있다. 정직하고 공정해서 정의를 실천하며 하 나님과 믿음을 돈, 명예, 권력 같은 하급 가치를 얻는 수단으로 착각하는 우상숭배를 중단하고 하나님이 주신 복을 약한 자에 대한 긍휼에 사용하면 영적 전투에서 결코 패배하지 않을 것이 다.…" 이 부분을 스타카토로 강조함. 그리고 손봉호 교수를 '우리

교계의 원로, 어른이시라고 소개함.

(8) 이번 사태에 즈음하여 첫째로 전 교회적 금식 선포. 주님의 책망, 교만 문제를 경고받았음을 표명함. 이정훈 교수를 용서한다고 함. 초신자, 불교에서 갓 회심한 초신자로서 아직 복음의 능력을 몰랐기에 이런 글을 올렸다고 말함. 이런 초신자를 떠받드는 한국교회가 문제라고 지적함. 그러면서 "이게 기독교입니까, 잡으려고 인용한 것 한마디를 붙들고 늘어지는 게 이게 기독교입니까, 십자가입니까, 이게 복음입니까?"라고 흥분한 어조로 개탄함. "이게 이 모 교수의 잘못입니까?"라고 질문하면서 천박하기 짝이 없는 우리 기독교의 잘못이라고 다시 강조함. 그래서 회개가 우리의 갈 길이라고 강조함.

(9) 둘째로 젊은 세대와 동성애 문제에 집중하겠다고 선포. 가나안 성도들이 돌아올 수 있도록 노력할 것을 강조. 한 대학생, 교회의 쪼개짐, 분열, 반목, 갈등으로 인해 교회를 떠나 가나안 상태에 있는 한 대학생의 고뇌를 소개함. 목사와 기성세대의 잘못임을 강조. 다시 기독교의 저질스러움을 강조함. 용서가 안 되고, 내부 총질하는 기독교는 유치한 기독교로 전락했다고 강조. 한국교회가 두려운 심판을 맞이할 수도 있겠으나, 희망을 가져야 함을 강조함. 진리가 바로 세워져서 예수 그리스도의 사랑이 살아나는 터전 위에 회복되어야 함을 강조함.

(10) 이런 기독교를 해결할 수 있는 대안은 예수 그리스도이며 복음이라고 선포함. 〈예수는 내 힘이요〉 찬양.

(11) 회개를 강조함. 비참하게 저질이 된 역겨운 기독교를 만든 죄를 회개하고 젊은이들이 돌아오게 해야 함을 강조함. 목사들 용서해달라고. 기성세대의 용서를 비는 기도를 함. 그리고 십자가의 사랑을 강조하며 〈십자가 십자가〉 찬양함.

필자는 위의 (1)-(11)의 이야기들 중에서 동성애 설교와 관련된 논란과 좌파 시비와 관련된 객관적 사건과 정황들을 보여주는 이야기들은 제외하고, 이 사건들에 대한 이찬수 목사의 반응, 그리고 외부 사람들이 이 사건들에 대해 보여주는 반응에 대한 이찬수 목사의 반응을 내용상 다시 정리해보면 다음과 같다.

(1)과 (2)는 이 두 사건에 대한 이찬수 목사의 해석이 담겨 있는 것으로 볼 수 있다. 특히 (2)의 뒷부분에서는 가나안 성도들이 한국교회의 이기주의, 탐욕, 분열, 갈등, 폭력적 태도 때문에 교회를 떠난 경우가 대부분이라고 강조한다.

(3) ⑤에서는 기독교의 저질스러움, 무례함, 예의 없음을 탄식하고 책망하고 있다.

(4)에서는 「엡」(6:12~13)의 말씀을 통해 이런 혈과 육의 싸움을 해서는 안 된다고 강조함. 다시 본인의 슬픔을 강조함.

(5)(6)(7)에서는 술, 담배와 같은 '하루살이'는 걸러내면서도 정죄와 비판과 공격과 용서 없음, 긍휼 없음과 같은 '낙타'는 삼키는 기독교인들의 세태를 책망함. 삶으로 성품의 신실함으로 본을 보이는 삶을 강조함. 손봉호 교수의 책 내용을 '저와 여러분 모두에게 주신 말씀'으로 강조함.

(8) 금식 선포. 이정훈 교수 같은 초신자를 떠받드는 한국교회가 문제라고 지적함. 그러면서 맹렬하게 이게 기독교냐고, 십자가냐고, 복음이냐고 흥분한 어조로 개탄함. 천박한 기독교의 잘못을 강조. 회개가 살길이라고 강조.

(9) 젊은 세대와 동성애 문제에 집중하겠다고 선포. 한 '가나안' 대학생의 경우를 예로 들면서 기독교의 저질스러움과 용서 없는 유치한 기독교로 전락했다고 강조.

(10)(11) 회개 강조. 대안은 예수 그리스도의 복음이라고 선포함. 찬양. 비참하게 저질이 된 역겨운 기독교를 만든 죄를 회개하고 젊은이들이 돌아오게 해야 한다고 강조. 목사들과 기성세대의 용서를 비는 기도를 함. 십자가 찬양.

일단 한번 걸러진 위의 담론 단위들은 아래와 같이 A와 B의 두 의미 층위로 나눌 수 있다.

A. 동성애 논란이나 좌파 시비와 관련된 댓글들과 항의들을 모두 한국교회, 한국기독교의 저질스러움, 천박, 무례, 용서 없음, 유치함으로 돌

리고 탄식하고 개탄하는 담론이 주를 이루고 있다. 특히 (2)와 (3)⑤,
(8)과 (9)가 그러하다.83)

 B. 한국기독교를 이렇게 만든 죄를 회개하고 십자가로, 예수 그리스도의
 복음으로 나아가자고 선포하고 있다. (10)(11)이 그런 내용을 일부 담
 고 있다.

 이 두 가지 층위, A와 B가 갖는 의미는 다음 장에서 살펴보기로 한
다.

 이찬수 목사가 손 교수와 동일하게 본인 특유의 한국교회를 향한 프
레임('기독교의 저질스러움', '천박함', '탐욕', '이기주의', '폭력적 태도' 등
등)으로 한국교회를 전체적으로 융단폭격을 퍼붓다가(그것도 적어도
네 차례나) 돌연히 회개를 말하면서 예수 그리스도로 설교의 초점을
바꾸는 변곡점을 만날 때마다, 나는 설교를 듣고 있는 청중의 한 사람
으로서 몹시 힘들고 혼란스러웠다.

 손 교수의 이데올로기·프레임 구조를 무의식적으로 받아들인 채 손
교수식의 프레임으로 한국교회를 실컷 비판한 후 갑작스럽게 회개하자

---

83) 한국교회에 대해 이런 단어들을 선택하는 것 자체가 '프레임'이다. "대상에 대한 정의'가 단어들로 구성
되어 있기 때문에 '프레임은 정의다'라는 말은 필연적으로 '프레임은 단어다'라는 의미이기도 하다. 한 대
상을 지칭할 때 어떤 단어를 사용하느냐는 단순한 어휘 선택의 문제가 아니라 그 대상에 대한 프레임을
결정하는 중요한 행위다." (최인철, 같은 책, 38면.) 이찬수 목사가 한국교회에 대해 '선택'하는 단어들은
'저질', '천박', '무례', '용서 없음', '유치함' 등이다. 이 단어들 자체가 그가 한국교회에 뒤집어씌우는 프레
임이다.

고 하면, 도대체 그 회개의 주체는 누구란 말인가?[84] 사실 이찬수 목사는 자신의 교회를 정죄하고 비난한 댓글 부대나 사람들에게 겸손한 태도를 취한 듯하지만, 내가 보기에는 그렇지 않았다. 오히려 한국교회, 한국기독교를 몇 차례에 걸쳐 프레임으로 정죄하고 비판하고 있었다.

나는 매우 당혹스러웠다. 동성애와 좌파 시비를 일으킨 댓글 부대 때문에, 항의 전화한 사람들 때문에, 또 한국교회 전체가 회개해야 한단 말인가? 심지어 이정훈 교수가 초신자임에도 불구하고(이제 그는 이미 초신자가 아니지만) 한국교회의 전사로서 맹활약하고 있는 상황조차도 한국교회 탓으로 돌리고 있는 이상한 프레임 논리 앞에서, 나는 할 말을 잃고 말았다. 그러면 분당우리교회와 이찬수 목사, 그리고 정 목사는 '탐욕'과 '무례'와 '천박함'과 '저질스러움'과 '유치함'으로 뒤범벅된 한국교회에 의해 억울하게 핍박당하고 모함당하고 있는 순교자라도 된단

---

84) 지금 나는 이찬수 목사를 '잡으려고' 이런 지적을 하고 있는 것이 아니다. 나도 설교를 듣는 순간에는 한 사람의 청중이다. 한 사람의 '가나' 성도로서, 이 설교를 듣고 있을 다른 '가나안' 성도들이 걱정되었기 때문이다. 자신도 의식하지 못한 채 한국교회를 정죄와 저주의 프레임으로('천박', '무례', '저질스러움', '폭력적 태도', '용서 없음', '유치함' 등등의 표현들), 그것도 반복해서 비판하는 이찬수 목사의 메시지가, 오히려 이찬수 목사가 그렇게 걱정하면서 품고자 하는 '가나안' 성도들을 '잡을' 수도 있겠다는 생각을 했기 때문이다. 모든 상황 속에서 예수님께 바로 나아가야 그게 기독 신앙이지, 윤리 이데올로기와 프레임으로 한국교회를 향해 실컷 바리새적 정죄와 심판의 융단폭격을 가한 후에, 갑자기 회개하자, 십자가, 이러면 도대체 예수님은 어떤 반응을 보이실까. 이게 걱정이 되고 두려웠기 때문이기도 했다. 바리새적 자기의로 충만했다가, 갑자기 십자가, 이러면, 곧바로 십자가의 의가 생기는 것인가, 프레임으로 한국교회를 비판할 때의 영은 성령이 아니라 바리새인의 영이 아닌가. 어떻게 바리새적 의로 충만한 상태에서 십자가로 바로 당당히 나아갈 수 있단 말인가. 이런 복잡한 생각들이 설교를 듣고 있던 나를 짓누르고 있었다는 얘기다. 그러니까 그는 한편의 설교 속에서 〈복음주의〉와 〈복음쥐〉의 영역을 자신도 모르는 사이에 교차·반복하고 있는 진기명기(?)를 보여주고 있는 셈이다.

말인가 하는 생각이 그 순간 나를 휘감고 있었기 때문이다.

'손봉호 교수'라는 문화코드는 손봉호 교수 특유의 이데올로기·프레임 구조로 코드화되어 있다. 그의 코드는 성경적인 관점에서 해독해 받아들여야지, 그런 과정 없이 그의 말을 인용하면서 그의 권위를 절대화하는 순간, 손 교수의 이데올로기·프레임 코드 안에 있는 논리들이 그를 인용한 사람의 사고와 언어 속에 자동적으로 디코드화된다. 이찬수 목사의 설교 내용이 바로 그런 경우다. '손봉호'라는 코드는 '윤리 이데올로기'와 '프레임'이라는 관점에서 조심스럽게 해독해야 한다. 순진하게 '손봉호 교수'라는 문화코드를 '기독교 윤리'로 착각하고 덥석 물면, 바로 그 순간부터 '프레임'과 '윤리 이데올로기'의 덫에 걸려, 헤어 나올 수 없게 되는 것이다.

필자는 이찬수 목사가 '무의식적으로' 손 교수의 이데올로기·프레임 코드를 수용하고 반복 생산한다고 본다. 그렇지 않다면 자신이 한국교회를 향해 프레임으로 공격하다가, 바로 십자가로 돌아가는 일이 그렇게 쉬울 리가 없지 않겠는가. 라캉은 무의식은 타자(Other)의 담론이라고 말했다. 여기서 '타자(Other)'는 라캉이 말하는 '상징계'에 속하는 '대타자'로서, 인간이 자신의 주체성 안으로 동화시킬 수 없는 '절대적 타자성(absolute otherness)'을 의미한다. 인간이 타자의 언어와 욕망을 통해서 자신의 욕망을 말할 수밖에 없는 점에서 볼 때, 무의식은 타자의 담론일 수밖에 없다.[85] 다시 말하면 이찬수 목사가 한국교회를 향해 부정적인 프레임을 반복적으로 던진 것은 자신의 의지가 아니고, 자신이 의로워서도 아니며, 타자의 담론, 즉 그의 안에 들어온 이데올로기·프레임 인식틀, 다시 말해서 '손봉호 교수'라는 문화코드를 무의식적으로 받아들였기 때문이다.

이찬수 목사처럼 특히 윤리를 중시하는 착하고 선하고 양심적인 사람들일수록 손 교수와 같은 이데올로기·프레임 논리에 휘말리지 않도록 조심해야 한다. 요즘 말로 해서 '낚이면' 안 된다. 손봉호 교수는 이런 사람들을 적어도 '중도 좌파'나 그 이상의 '좌'쪽으로 끌어들이는 데 있어서, 매우 탁월한 전략가이며 강력한 영향력을 끼치고 있는 윤리 담론의 '낚시꾼'이다. 그가 던지는 '정의'와 '긍휼'의 밑밥에 이끌려 그의 '윤리'의 미끼를 덥석 물면 안 된다.[86] 그러면 바로 그 순간 자신이 '도덕적 우위'를 확보하게 된다고 착각하면 안 된다. 그 동기는 순수할지 몰라도, 그 결과는 심각하다.

손 교수를 혼자 존경하고 추종하는 것은 어쩔 수 없는 일이다. 그건 개인적 자유의 영역이다. 하지만 그 한 사람을 통해 손 교수의 프레임과 이데올로기가 도덕적 가치로 전파됨으로써 수많은 사람들로 하여금

---

85) 손 호머 지음, 김서영 옮김, 『라캉 읽기』(은행나무, 2017), 111~112면 참조.

86) 필자는 여기서 '바리새주의 효과(Pharisaism Effect)'라는 신조어를 제안하고자 한다. 윤리 이데올로기와 프레임으로 자신을 의롭다고 느끼는 착각에 빠지는 현상을 필자는 '바리새주의 효과'라고 부르고자 한다. 하나 더 '바리새적 나르시시즘(Pharisaic Narcissism)'라는 용어도 제안한다. 윤리로 포장된 이데올로기 속에서 자신은 항상 선하고 옳다는 미망에 빠져서 늘 타인을 비판하고 정죄하는 상태를 필자는 '바리새적 나르시시즘'이라고 부르고 싶다. 필자는 마르크시즘도 과학적 사회주의라는 미명하에 이런 나르시시즘을 내재하고 있다는 합리적 의심을 갖고 있다. 물론 앞으로 더욱 천착해나가야 할 과제이긴 하지만.

반(反) 교회적 가치를 주장하는 손 교수의 주장에 수긍하게 만든다면 그건 개인적 취향이나 자유의 영역을 벗어나는 심각한 일이 된다. 그것도 자신도 모르게 반(反) 교회적 프레임의 사고 틀을 절대적으로 수용하는 설교를 하면서도 그 스스로는 엄청 〈복음주의〉적 설교자라고 자처하고 있다면 그건 매우 불행한 일이다. 본인으로서나 그 설교를 듣는 청중으로서나 그러하다.

이찬수 목사가 설교 담론 A(한국교회 향한 그의 프레임)를 말할 때 그는 자신이 매우 옳은 소리를 하고 있다고 생각할 것이다. 사실 한국교회가 적지 않은 문제점들을 갖고 있는 것은 사실이기 때문이다. 그러나 이찬수 목사는 자신이 손 교수의 윤리 이데올로기에 동의하는 순간부터 한국교회를 향한 손 교수의 저주의 프레임을 자신이 삼켰음을 의식하기는 불가능할 것이다. 왜냐하면 손 교수의 이데올로기를 받아들인 순간, 그 이데올로기는 자동적으로 이찬수 목사의 사고 깊숙이 자리 잡아 버렸기 때문이다. 자크 라캉이 언어가 주체를 구성한다고 한 말이 이에 그대로 적용될 수 있다. 다시 말해서 손 교수의 이데올로기, '언어'가 이찬수 목사 안에 들어왔을 때, 그 '언어'가 이찬수 목사의 '주체'를 구성해버린 것이다.[87] 다른 관점으로 표현하자면, "우리는 뇌 안의 무엇이 우리의 가장 깊은 도덕적·사회적·정치적 신념을 결정하는지

---

[87] 이 목사는 손 교수의 윤리 이데올로기와 프레임을 그대로 수용하고 있다는 점에서는 손 교수와 같은 입장이지만, 그가 세속적 이데올로기에 의존하지 않고 곧바로 십자가 복음으로 돌아오려고 한다는 점에서, 세속적 마르크스주의의 사회윤리로 한국교회를 대체하고자 하는 손 교수와는 구분된다.

에 대해 충분히 알지 못한다. 그럼에도 우리는 상당 부분 무의식적인 이 신념을 근거로 행동한다."[88]

이런 분석에 의거하면 이찬수 목사의 설교 속에는 〈복음주의〉와 〈복음쥐〉가 뒤섞여 교차하고 있다. 그의 설교를 〈복음쥐〉로 끌고 가는 요인은 크게 두 가지다.

하나는 한국교회 비판 프레임에 준거하고 있는 바리새적 나르시시즘 효과이다. 그리고 또 다른 하나의 요인은 바리새적 나르시시즘의 윤리적 우월감에 근거하는 윤리 마케팅 혹은 포퓰리즘이다. 필자는 한국교회 비판 프레임이 장착된 이찬수 목사의 설교 담론에서 교묘한 윤리 마케팅 전략을 읽게 된다. 한국교회는 모조리 천박하고 타락한 반면, 이렇게 '가나안' 성도를 걱정하고 그들과 상담 이메일도 주고받는 분당우리교회는 좋은 교회다. 그리고 이찬수 목사는 친절하고 자상한 영적 목자라는 윤리 마케팅이 그의 설교 속에 은연중에(혹은 노골적으로) 깔려 있음을 읽게 된 것이다.

앞서도 이재철 목사의 경우에도 언급했듯이 일단 담론 주체가 윤리를 강조하기만 하면 한국교회 전체를 '저질', '천박', '무례', '유치함' 등의 표현으로 때릴 수 있는 '도덕적 면허 효과(moral licensing effect)'를[89] 이 설교자도 확신하고 즐기고 있다는 증거가 아닌가 하는 합리적 의심을

---

88) 조지 레이코프, 나익주 감수·유나영 옮김, 『코끼리는 생각하지 마』(와이즈베리, 2019), 9~10면.

89) 강준만, 『강남좌파2』(인물과사상사, 2019), 9면.

필자는 갖고 있다.[90]

　전북대 신문방송학과 강준만 교수는 2006년『인물과사상』에서 강남 좌파를 "생각은 좌파적이지만 생활 수준은 강남 사람 못지않은 이들"이라고 정의한 바 있다.[91]

　강남좌파에 대해서는 긍정론과 부정론이 동시에 존재한다. 긍정론으로는 상류층 사람이 진보적 가치를 역설하는 건 하층계급에 큰 힘이 되며, 갈등의 양극화를 막는 데 도움이 된다는 것이다. 그리고 부정론으로는 진보를 더 많은 권력과 금력을 쟁취하기 위한 수단으로 이용한다는 점, 그리고 권력과 금력까지 누리면서 양심과 정의의 수호자로 평가받는 이른바 '상징 자본'까지 갖겠다는 건 지나치다. 빈털터리라도 세상을 향해 큰소리치면서 사는 맛이라는 게 있는 법인데, 그런 '도덕적 우월감'까지 상류층이 누린다는 건 부당하다는 지적 등이 있다.[92]

　왜 필자가 여기서 '강남좌파' 얘기를 가져왔을까? 이찬수 목사가 설교 중에 한국교회 전체를 '저질'과 '천박'과 '무례'의 프레임으로 비판하는 가운데 유일하게 자신과 자신의 교회만은 '가나안'을 위한다는 식의 메시지를 전하고 있는 것은 일종의 윤리 마케팅으로서, 오직 자신과 그의

---

90) 이찬수 목사가 29개 교회를 분립시켰고 최종 40개 교회까지 분립시킨다는 소식을 필자도 들었다. 훌륭한 일이다. 존경받을 만한 일이다. 하지만 필자는 이 책에서 이찬수 목사의 그런 목회윤리적인 측면을 무시하지도 않고 고려하지도 않는다. 외형적으로 나타난 교회분립은 분립이고, 목사의 메시지는 메시지다. 이건 별건의 사안이다. 이 책에서 필자는 이찬수 목사의 메시지에만 주목한다. 외형적으로 나타나는 것들도 중요하지만 목사의 메시지는 존경을 불러일으키는 외형적인 사건들과는 전혀 다른 차원에서 더욱더 중요하다.

91) 강준만, 『강남좌파』(인물과사상사, 2019), 4면.

92) ＿＿＿＿. 앞의 책, 5면 참조.

교회만이 (강남좌파의 '상징 자본'을 연상시키는) '상징 윤리'를 담보하고 있다는(혹은 담보하고 싶다는) 메시지로 읽히기 때문이다.

어떤 면에서는 이찬수 목사의 '윤리 이데올로기'는 정체성 혼란의 양상을 보여준다고 할 수 있다. '보수 꼴통'이라고 비판을 받은 적도 있었지만, 지금은 좌파라는 공격을 받고 있다는 신세한탄과 같은 설명에서도 이런 양상을 엿볼 수 있다.

북한으로부터 자금을 받아 활동했던 간첩, 그러니까 정면으로 하나님을 대적하는 북한 공산주의의 추종 세력인 신영복에 대해 이찬수 목사는 2016년 1월 31일 설교 중 "이런 차원에서 저는 성공회대 신영복 교수님을 참 이런 면에서 존경하는데요. 저는 이 분이 쓴 책이 참 좋습니다."라고 말한 적이 있다. 그런데도 책 제목만 언급했다고 극구 변명하고 있는 모습을 보면서, 필자는 한국교회를 향한 그의 명시적인 프레임 공격과는 달리, 손 교수를 벤치마킹하고 있는 그의 '윤리 이데올로기'는 극심한 자기검열 과정에서 표류 중이라고 보고 싶다. 아니면 〈복음주의〉에다가 '더불어' 함께 하는 좌파 윤리학까지 금상첨화(?)로 곁들임으로써 우리 교회는 〈복음주의〉이지만 좌파 윤리까지도 담보하고 있는 교회다, 이런 논리로, 강남좌파 크리스천들이 선호할만한 '상징 윤리'를 확보하기 위한 전략으로 신영복을 끌어 온 게 아니냐는 합리적 의심을 필자는 갖고 있다. 필자는 지난날 한국교회에서 '윤리'를 강조하고 내세우면서 한국교회 전체를 비판해온 '윤리주의'자들은[93] 대부분 윤리 마케팅 혹은 윤리 포퓰리즘의 문법을 공유하고 있는 것으로 파악하고 있다.[94]

모든 상황 속에서 예수님께 바로 나아가야 그게 기독 신앙이지, 윤리 이데올로기와 프레임으로 한국교회를 향해 실컷 바리새적 정죄와 심판의 융단폭격을 가하면서, 동시적으로 윤리 마케팅의 담론 전략을 그 이면에 깔고 있는 것은 일종의 호객행위가 된다. 그의 설교를 들으면서 어떻게 이렇게 한국교회 전체를 통렬하게 두들겨 패다가 갑자기 "회개하자, 십자가" 이러면 도대체 예수님은 어떤 반응을 보이실까? 필자는 이게 걱정이 되고 두려웠다. 바리새적 자기의로 충만했다가, 갑자기 "십자가" 이러면, 곧바로 십자가의 의가 생기는 것인가? 프레임으로 한국교회를 비판할 때의 영은 성령이 아니라 바리새인의 영이 아닌가.

앞서 팀 켈러 목사의 말이 인용된 바 있지만 조금 다른 문맥에서 다

---

93) 이 책에서 다룬 인물로서는 이재철 목사, 김동호 목사, 그리고 이찬수 목사를 들 수 있으며 사실 손봉호 교수도 이 계열에 속한다고 봐야 한다고 필자는 파악하고 있다. 예를 들면, 코로나 시국 속에서 현장예배가 문제가 되었을 때 손 교수가 이 시국에 현장예배에 참석하는 것은 '하나님에 대한 반역'이라고 발언한 점을 들 수 있다. 그는 시국에 딱 맞는 윤리적 발언을 던짐으로써 모든 매체들이 앞다투어 그의 발언들을 소개하게 만드는 윤리 포퓰리즘의 대가라고 필자는 보고 있다. 필자는 그가 '하나님에 대한 반역'이라고 했을 때 그 하나님은 인격적인 삼위일체 하나님이 아니라 '공공성' 개념에 가깝다는 합리적 의심을 갖고 있다.

94) 이런 점에서 필자는 이찬수 목사의 교회 분립을 한국교회의 새로운 패러다임으로 본다. 이전의 한국교회는 성장중심주의였다. 성장중심주의의 키워드는 숫자와 크기와 건물이었다. 이찬수 목사가 시도하고 있는 교회 분립은(사실 교회 분립은 이찬수 목사 이전에도 공공연하게 드러나지 않게 적지 않은 교회들에서 시행되고 있었다) 1970년대부터 한국교회의 핵심으로 자리 잡아왔던 성장중심주의의 키워드를 파괴한 것이다. 이찬수 목사는 목회윤리 혹은 교회론을 중심가치로 둠으로써 교회 분립을 한국교회의 새로운 패러다임으로 가져온 것이다. 필자는 이찬수 목사의 이러한 시도를 좋게 보고 싶지만, 한편으로는 윤리주의가 가지고 있는 문법, 윤리 마케팅과 윤리 포퓰리즘의 덫을 그가 완전히 벗어날 수 있게 되기를 바라는 바이다. 주제넘은 얘기라고 한다면 필자가 무슨 말을 할 수 있겠는가. 그냥 주제넘은 얘기로 감수할 수밖에….

시 인용해 보자.

> "스스로 자신의 구주와 주인이 되는 길은 두 가지가 있다. 하나는 모든 도덕법을 어기고 자기 기준대로 사는 것이고, 또 하나는 모든 도덕법을 지켜 극도로 착해지는 것이다."[95]

 자신은 극도로 착하다는 생각은 바리새적 의에 사로잡혀 있는 상태다. 바리새적 영에 충만해져 있음을 의미한다. 그렇다면 어떻게 그런 바리새적 의로 충만한 상태에서 십자가로 바로 당당히 나아갈 수 있단 말인가. 바리새인은 십자가가 필요 없는 존재가 아닌가? 예수를 십자가에 못 박는 인간들 아닌가? 이런 복잡한 생각들이 그의 설교를 듣고 있던 필자를 짓누르고 있었다는 얘기다.
 여기서 어렵사리 한마디 보탠다. 이찬수 목사는 자신 안에 자리 잡고 있는 바리새적 나르시시즘을 직시하고 그것을 십자가 안에서 깨뜨릴 수 있어야 한다. 그렇지 않으면 '29'나 '40'이라는 숫자로 카운트되고 있는 교회분립, 그 선한 행위 자체도 윤리 마케팅이 되고 윤리적 자기과시가 된다는 점을 지적하고 싶다.

---

95) 팀 켈러, 윤종석 옮김, 『팀 켈러의 탕부 하나님』(두란노, 2021), 77면.

청년들과의 대화: 〈복음주의〉과 〈복음쥐〉의
뒤섞임: 설교인가? 롤러코스터인가?

반복하는 말이지만 이찬수 목사의 이 설교는 표면적으로는 〈복음주의〉적이지만 무의식적으로는 이데올로기의 명령에 복무하는 〈복음쥐〉의 속성을 잘 보여준다.

모든 상황 속에서 예수 그리스도를 바라보는 것이 개신교 신앙의 핵심이다. 윤리 이데올로기를 수용하고 프레임으로 사고하는 것은 예수 그리스도 밖으로 나가버린 비신앙적 행위이다. 십자가를 바라본다는 것은 나 자신의 모든 선입관, 세상적인 이데올로기, 탐욕, 가치관 등을 다 내려놓고 예수님을 바라보며 의지하는 신앙을 요구한다. 윤리 이데올로기와 프레임적 사고를 한다는 것은 이미 자신의 의를 주장하면서 세리와 창녀를 비판하는 바리새인의 기도를 올린 셈이 된다. 사실 예수 그리스도를 바라보는 것 자체가 신앙이면서 신앙 훈련의 과정이기도 하다.

필자가 보기에 이찬수 목사가 그의 설교에서 이데올로기·프레임의 인식구조를 반복하는 과정은 앞에서도 언급했듯이 무의식적이다. 루이 알튀세르가 말했듯이 이데올로기는 무의식이다. 이찬수 목사는 프레임으로 한국교회를 정죄하고 비난하는 순간들마다 여전히 그 자신은 복음주의적이라고 생각하고 있었을 것이다. 자크 라캉의 명제가 연상되는 장면이다.

"나는 생각하지 않는 곳에서 존재하고 존재하지 않는 곳에서 생각한다."

풀어서 설명하면 프레임에 장착된 이데올로기가 무의식적으로 작동하고 있음에도 불구하고 그는 설교 중에 자신의 설교가 대단히 〈복음주의〉적이라고 생각하고 있다는 말이다.

이런 관점에서 이찬수 목사가 설교 중에 담론 A에서 갑자기 담론 B로 비약할 때마다 필자는 아슬아슬함을 느끼지 않을 수 없었다. 왜냐하면 담론 A에서는 앞서 손 교수의 이데올로기와 프레임을 논하는 장에서 살펴봤듯이 복음이 해체되고, 즉 예수 그리스도가 삭제되고 없기 때문이다.

프레임에 갇혀 흥분한 어조로 한국교회를 비판할 때는 자신은 의롭다는 바리새적 효과(바리새적 나르시시즘)에 사로잡혀 있다가, 프레임을 벗어나는 동시에 회개를 촉구하면서 십자가의 예수 그리스도를 바라보자고 돌변하는 설교 앞에서 필자는 롤러스케이트를 타고 있는 것 같은 어지럼증을 느꼈다. 담론 A에서 담론 B로 넘어가는 장면들에서, 그리고 B에서 A로 다시 넘어가는 장면마다, 나는 서커스단의 줄타기를 보는 듯한 아슬아슬함을 느끼지 않을 수 없었다. 이 두 영역은 분명히 영이 서로 다른 영역이 아닌가! 한쪽은 바리새적 영이고 다른 한쪽은 성령이 아닌가. 그렇다면 이 설교는 바리새적 영과 성령 사이를 너무 생각 없이 오가는 롤러코스터 묘기를 너무 어지럽게 보여주고 있다고 봐야 한다.

「요한복음」 15장 4절~5절에서 예수님은 다음과 같이 말씀하신다.

4. 내 안에 거하라 나도 너희 안에 거하리라 가지가 포도나무에 붙어있지 아니하면 스스로 열매를 맺을 수 없음 같이 너희도 내 안에 있지 아니하면 그러하리라

5. 나는 포도나무요 너희는 가지라 그가 내 안에, 내가 그 안에 거하면 사람이 열매를 많이 맺나니 나를 떠나서는 너희가 아무것도 할 수 없음이라

앞의 복잡한 상황을 이 말씀에 의거해 설명하자면, 이찬수 목사는 이 설교 속에서 포도나무에 붙었다가(십자가와 성령) 떨어졌다를(바리새의 영) 반복하는 행태를 보여주고 있다고 할 수 있다. 마치 스위치를 올렸다가 내렸다가 하는 식이다. 물론 이 목사 자신은 이를 알지 못한다. 스위치를 내려서 바리새의 영으로 가는 것은 그 자신이 의식적으로 하는 것이 아니라 거의 무의식이기 때문이다. 이 목사가 거의 경배하듯이 받아들인 손봉호 교수의 한국교회 정죄 프레임과 이데올로기가 무

의식 수준에서 그에게 명령하고 있기 때문이다.96)

그리고 몇 가지를 더 짚어보자면 가나안 성도들이 교회에 안 나오는 이유를 전적으로 한국교회의 탐욕, 분열, 폭력적 태도 등의 탓으로만 돌리는 이찬수 목사의 논리에도 또 다른 의미의 '프레임'이 적용되고 있음을 알 수 있다.97)

많은 '가나안' 성도들이 한국교회의 문제 때문에 교회를 떠났다는 지적은 사실이다. 하지만 부분적으로는 맞다 하더라도, 그걸 전체로 몰아붙이는 것은 프레임적 사고라고 봐야 한다. 어떻게 '가나안' 성도가 교회를 떠난 이유가 전적으로 한국교회 전체의 무례와 폭력적 태도와 분열과 갈등 때문인가? 그 '가나안' 성도가 다녔던 그 개별교회의 문제 아닌가? 왜 굳이 거기서 한국교회 전체를 프레임으로 걸어 비판하고 저주하며 정죄하는 것인가. 제발 최소한 앞서 부산대 진상 교수 사건에 나왔던 술집 사장님 수준이라도 '윤리주의' 혹은 윤리를 중시하는 목사들

---

96) "이데올로기는 개인을 주체로서 맞이하거나 호명한다." [루크 페레터 지음, 심세광 옮김, 『루이 알튀세르의 이데올로기』(앨피, 2014), 164면.] 루이 알튀세르에 의하면 기독교는 '종교 이데올로기'다. 이 이데올로기 안에서 기독교인들은 불리움을 받고 호명되는 것으로 파악되고 있다. (앞의 책, 167~168면.)

97) 최인철 교수는 그의 책에서 "프레임은 다양한 형태를 지닌다. 우리의 가정, 전제, 기준, 고정관념, 은유, 단어, 질문, 경험의 순서, 맥락 등이 프레임의 대표적인 형태다. 사람들은 흔히 프레임을 '마음가짐' 정도로만 생각한다. 그래서 좋은 프레임을 갖추기 위해서는 좋은 마음을 가져야겠다고 '결심'한다. 그러나 프레임은 결심의 대상이라기보다는 '설계'의 대상이다. 프레임 개선 작업은 나의 언어와 은유, 가정과 전제, 단어와 질문, 경험과 맥락 등을 점검한 후에 더 나은 것으로 설계하고 시공하는 작업을 요한다."라고 말한다. [최인철, 『프레임』(2판 2019년, 21세기북스), 66면.] 예수 그리스도 안에 있는 그리스도인들은 자신이 갖고 있는 '프레임'들을 그분의 말씀으로 끊임없이 깨뜨리고 회개하면서 그분을 닮아가는 존재들이다. 자신의 '프레임'들을 자신의 사고 속에서 계속 고착시키고 강화하는 그리스도인들은 '육신적'이거나 아니면 '육적'인 존재들일 것이다.

은 지켜주기를 다시 한번 부탁한다. 그분은 부산대교수협의회에서 소수의 진상 교수들을 일반화하지 말아 달라고 요청하자 '노 교수존' 공고문을 내리지 않았던가? 왜 당신들은 성급한 일반화의 오류를 고집하고 있는가? 굳이 그렇게 한국교회 '전체'를 때려야 당신의 도덕적 우월성이 보장되는 것인가? 정 그게 잘 안된다면 부산행 열차를 타고 내려가서 그 술집 사장님으로부터 한 수 배우시기를 권면드린다.

굳이 따지자면 손 교수 같은 사람들이 정죄와 저주 프레임으로 한국교회를 공격하는 행위 자체도 '가나안' 성도들을 대량 생산하는 원인을 제공하고 있지 않은가?[98] 굳이 범박하게 말하자면, 이 시대 포스트모더니즘의 참을 수 없는 '가벼움'의 문화 논리도 그 이유가 되지 않겠는가. 사람들 속에서, 공동체 속에서 신앙생활을 하기가 부담스러운 '나홀로' 문화의 영향도 있지 않겠는가?

12. 우리의 씨름은 혈과 육을 상대하는 것이 아니요 통치자들과 권세들과 이 어둠의 세상 주관자들과 하늘에 있는 악의 영들을 상대함이라
13. 그러므로 하나님의 전신 갑주를 취하라 이는 악한 날에 너희가 능히 대적하고 모든 일을 행한 후에 서기 위함이라"

「엡」 6:12-13

---

98) 필자는 20~30대에 예수를 떠나고 교회를 떠나 있었다. 만약 그때 내가 '개신교 역사상 가장 타락한'이라는 손봉호 교수의 한국교회 정죄 프레임을 접했더라면 아마 필자는 다시 교회로 돌아오기 힘들었을 것이라고 생각하고 있다.

위의 말씀은 댓글로 이찬수 목사를 공격하는 자들에게도 필요하겠지만, 교회를 떠난 '가나안' 성도들에게도 전해야 할 말씀이 아닌가. '가나안' 성도들이 아직 예수 그리스도를 인격적으로 만나지 못한 상태에서 모든 문제를 외부 탓으로만 돌리는 신앙에 더 근본적인 이유가 있지 않겠는가. 왜 이찬수 목사는 이 모든 것들을 한국교회 전체의 저질스러움, 탐욕, 타락, 분열, 폭력 때문으로만 몰아가는 것인가. 바로 여기서 바르새적 나르시시즘이 역설적으로 윤리 마케팅의 또 다른 얼굴을 하고 있다고 봐야 하는데,[99] 이건 바로 이찬수 목사 자신이 의식하지 못하는 가운데 그의 사고에서 작동되고 있는 이데올로기·프레임 인식구조 때문인 것으로 보여진다.

그리고 '가나안' 성도들 앞에서, 그 모든 것이 한국교회 '전체'의 잘못이라고 한다고 무슨 유익이 있는가. 오히려 그것 자체가 '가나안' 성도들을 더 많이 양산하는 동인이 될 수도 있지 않겠는가. 「엡」 6:12~13이든 무슨 말씀이든 영적으로 보고, 예수 그리스도를 바라보라고 권면하는 것이 프레임으로 공격하는 것보다는 훨씬 진정한 목회적 태도가 아니겠는가. 그리고 또 그 '가나안' 청년들을 오직 분당우리교회 담임목사

---

99) 앞의 각주에서도 설명했지만 바리새적 나르시시즘으로 한국교회 전체를 '천박'한 쓰레기로 매도한 후 '가나안' 성도들이 생기는 원인을 그 '천박'한 한국교회 전체 때문이라고 설명하는 것은, 자신과 자신의 교회만이 선하고 착하고 윤리적이며 '가나안' 성도들을 품고 이해할 만한 사랑을 갖고 있다는 윤리 마케팅으로 해석될 수 있다. 그리고 일반 성도들 중에는 이런 메시지를 선호하는 사람이 적지 않다. 이런 사람들 중에는 십자가와 성령의 메시지에서 생명의 떡(요6:35)을 받아먹기도 하겠지만, 무의식적으로 작동되는 바리새적 나르시시즘과 한국교회 비판 이데올로기를 맛있게(?) 받아먹으면서, 스스로 의인이라고 생각하는 소위 강남좌파 기독교인들이 적지 않을 것이라고 생각된다.

혼자만 다 품고 이해하고 있다는 식의 설교 전개도 좀 그렇지 않은가? 노골적인 윤리 마케팅 아닌가? 그렇게 모든 걸 한국교회 탓으로 돌리면서 프레임을 신나게 날리다가, 돌연히 십자가로 돌아가서 "회개하자" 이러면, 도대체 뭔 말인지 '가나안' 성도들이 이해할 수 있겠는가? 오히려 그들이 돌아올 수 있는 길을 이찬수 목사는 자신도 모르게 반복적으로 내뱉고 있는 자신의 한국교회 정죄 프레임을 통해 차단하고 있는 것은 아닌가? 설교자는 자신이 뱉고 있는 설교 담론의 열매가 무엇인지를 늘 고민하면서 기도해야 할 존재가 아니겠는가?

그리고 한 가지만 더 지적하자면, 이찬수 목사가 페이스북 같은 SNS 공간에서 예의를 찾는 것 자체가 우물가에서 숭늉 찾는 일이 아닌가 하는 점이다. 잘 알다시피 교회 안이든 밖이든 SNS 공간은 원래 공격적이고 예의가 없는 공간 아닌가. 그게 이 시대 문화가 아닌가. 예의를 갖추고 정중하게 상대방을 받아들이며 이해하는 동시에 격려하고 위로하며 사랑하는 그런 댓글의 역사가 도대체 이 땅 그 어디에 있었단 말인가? 그걸 모르는 바가 아닐진대, 댓글들을 읽고서 그걸 모두 예의가 없고 무례하며 천박한 한국교회 전체의 속성으로 예의 환원시키면서 동일한 프레임으로 반복해서 정죄하고 비난하는 담론 A는 혹은 '바리새적 나르시시즘 프레임'이 아니면 도대체 뭐란 말인가.

이찬수 목사는 앞의 설교 도입 부분에서 '내부 총질'을 하지 말자고 말했지만, 그의 한국교회를 향한 프레임 공격은 내가 보기에 '내부 총질'이 아니고, '외부' 총질인 것처럼 보인다. 바리새적 영으로 한국교회 전체를 프레임으로 공격하는 것은 분명히 외부 총질 아닌가. 물론 외부에서 격렬하게 한국교회를 향해 총질을 하다가 이따금 홀연히 내부로, 십자가로 돌아오려고 하기는 하지만 말이다.

방금 전 자신은 한국교회 '전체'를 '천박' '저질'로, 도매금으로 저주하고 정죄해놓고서는, 댓글들이 자신과 자신의 교회를 공격했다고 분기탱천하는 그의 모습은 어떤 면에서는 매우 희극적이다. 그는 한국교회 전체가 '무례'하다고 분노하고 있지만, 역지사지, 입장 바꿔 생각해보면 그는 한국교회 '전체'에 대해 너무 큰 '무례'를 범하고 있지 않은가?

지금 세상은 기독교를 '개독교'라고 부른다. 세상이 만든 프레임이다. 그러나 생각이 있는 크리스천이라면 세상이 만든 그 프레임에 스스로 갇힐 필요가 없다. 마찬가지다. 세상은 그렇다 치더라도 한국교회 '안'에 있는 사람들이라면 한국교회를 무슨 강아지 이름 부르듯이 함부로 그렇게 부르지 말았으면 한다. 제발 아무 프레임이나 갖다 씌우지 말았으면 한다. 그것도 이데올로기·프레임 인식구조 속에서 스스로는 대단히 의롭다고 착각하면서 말이다. 「눅」 18:9-14 말씀, 바리새인과 세리의 기도는 기독 신자들이 언제나 기억해야 할 것이다.

9. 또 자기를 의롭다고 믿고 다른 사람을 멸시하는 자들에게 이 비유로 말씀하시되

10. 두 사람이 기도하러 성전에 올라가니 하나는 바리새인이요 하나는 세리라

11. 바리새인은 서서 따로 기도하여 이르되 하나님이여 나는 다른 사람들 곧 토색, 불의, 간음을 하는 자들과 같지 아니하고 이 세리와도 같지 아니함을 감사하나이다

12. 나는 이레에 두 번씩 금식하고 또 소득의 십일조를 드리나이다 하고

13. 세리는 멀리 서서 감히 눈을 들어 하늘을 쳐다보지도 못하고 다만 가슴을 치며 이르되 하나님이여 불쌍히 여기소서 나는 죄인이로소이다 하였느니라

14. 내가 너희에게 이르노니 이에 저 바리새인이 아니고 이 사람이 의롭다 하심을 받고 그의 집으로 내려갔느니라 무릇 자기를 높이는 자는 낮아지고 자기를 낮추는 자는 높아지리라 하시니라

반복하는 말이지만 이찬수 목사의 이 설교는 표면적으로는 〈복음주의〉적이지만 무의식적으로는 이데올로기의 명령에 복무하는 〈복음쥐〉의 속성을 보여주는 아이러니의 구조를 보여주고 있다고 필자는 파악하고 있다. 아이러니 구조라는 게 원래 정반대의 것이 공존하는 상태를 말하는데, 이찬수 목사의 이 설교에는 〈복음주의〉와 〈복음쥐〉가 설교자가 의식하지 못하는 상태에서 절묘하게(?) 공존하고 있기 때문이다.

청년들이여, 설교자에게서 〈복음주의〉의 진리는 잘 받아먹되 〈복음주의〉가 아닌 〈복음쥐〉를 분별해낼 수 있어야 당신들의 영혼이 살 수 있다. 그 방법은 사람을 보지 말고 윤리만 듣지 않는 것이다. 설혹 한국

교회 전체를 비판하고 정죄하는 설교를 듣게 된다 할지라도, 설교자가 의식적으로 무의식적으로 선동하는 섣부른 윤리적 우월감에 쉽게 도취되지 말고, 한국교회에서 오직 자신의 교회만이 윤리적이라는 윤리 마케팅에 속지 말며, 그 어떤 설교를 듣게 되든 그 설교를 통해 예수 그리스도를 인격적으로 만나고 그분의 말씀에 귀 기울이게 되기를 소망한다.

• Chapter 6 •

손봉호 교수의 윤리 담론에 숨어 있는 반(反) 복음주의 이데올로기

청년들이여, 부디
〈복음주의〉와 〈복음쥐〉를
분별하시라

복음의 부름과 이데올로기의 부름은
반드시 분별되어야 한다

당연한 말이지만 복음의 부름과 이데올로기의 부름은 전혀 다르다. 전자는 말씀하시는 하나님과 성령 하나님의 말씀, 그리고 인도하심에 전적으로 복종하는 것이다. 반면 후자는 이데올로기의 부름과 명령에 따라 한국교회를 비판하고 해체한다. 여기까지 살펴본 이재철 목사, 김동호 목사, 목사, 홍정길 목사, 이찬수 목사의 경우 양상은 각자 조금씩 다르지만 복음과 이데올로기 사이에서, 〈복음주의〉와 〈복음쥐〉 사이에서 방황하거나 고뇌하거나 아니면 혼란에 빠져 있는 모습을 보여주고 있다고 할 수 있다. 이재철 목사의 경우 바리새적 나르시시즘이라는 개인적 이데올로기 〈복음쥐〉와 〈복음주의〉 사이를 오가는 양상을 보여주고 있었다. 김동호 목사의 경우 '교회개혁'을 의욕적으로 추구했으나 그 개혁이 궁극적으로 〈복음주의〉와 행복하게 결합되지 못하고, 그 자신을 문화 권력과 종교 권력의 중심권으로 들어가게 만든 교회개혁 '마케팅'의 수준에 머무르는 한계를 보여주었다. 반면 홍정길 목사는 복음화에서 갑자기 민주화로, 방향을 틀면서 〈개인의 자유+공동체의 자유

〉라는 특유의 프레임으로 장착된 이데올로기로 경도됨으로써 대한민국 현실과는 전혀 동떨어진 몽상적 사고를 보여주고 있다고 필자는 보았다. 여하튼 이 세 사람은 〈복음주의〉와 〈복음쥐〉 사이에서 자기모순적 방황과 혼돈의 양상을 공통적으로 보여주고 있었다.

이와 달리 이찬수 목사의 경우 자신은 복음주의자라는 강력한 자의식을 항상 갖고 있음에도 불구하고 정작 그의 사고는 한국교회 '전체'를 '저질'과 '무례'로 정죄하는 바리새적 나르시시즘 신드롬을 벗어나지 못하는 구조를 보여주고 있었다. 그리하여 한편의 설교 안에서조차 〈복음주의〉와 〈복음쥐〉가 끊임없이 교차 반복되는, 다시 말하면 성령과 바리새의 영이 정신없이 교차되는 롤러코스터 구조를 드러내고 있었다.

그런데 이 네 사람의 경우와는 전혀 다르게 손봉호 교수의 윤리 담론은 복음쪽은 거의 완전히 삭제되고 철저히 이데올로기 쪽으로 편향되어 있는 양상을 보여준다.

「마태복음」 23장 23절~24절에 대해 손봉호 교수가 내리고 있는 해석을 먼저 살펴보기도 한다.

한국교회가 초기처럼 예수님이 낙타에 비유했던 '정의와 긍휼'에 힘을 기울였다면 그때 누렸던 도덕적 권위를 계속 유지할 수 있을 것이고 하루살이 같은 동성애와의 싸움에도 쉽게 이길 수 있었을 것이다. 건국 후 상당 기간 개신교만 군목을 보냈는데도 다른 종교와 사회 누구도 이의를 제기하지 않았다. 그만큼 기독교가 국민의 신뢰와 존경을 받았기 때문이다. 지

금은 도덕적 권위를 상실해서 기독교가 아무리 옳은 주장을 해도 "너나
잘하세요!"라는 야유만 받게 되었다. 지금이라도 낙타와 하루살이를 구
분하고 낙타에 집중해야 하루살이를 구할 수 있다. 정직하고 공정해서 정
의를 실천하며 하나님과 믿음을 돈, 명예, 권력 같은 하급가치를 얻는 수
단으로 착각하는 우상숭배를 중단하고, 하나님이 주신 복을 약한 자에
대한 긍휼에 사용하면 영적 전쟁에서 결코 패배하지 않을 것이다.

앞서 이찬수 목사의 경우를 설명하기 위해 이 인용이 불가피하게 중
복되었음을 양해 바란다. 손봉호 교수가 위의 인용 부분에서 초점을 맞
추고 있는 것은 '도덕적 권위'다. 첫 문장은 '정의와 긍휼'에 힘쓰지 못했
기 때문에, 즉 '도덕적 권위'를 상실했기 때문에, '하루살이 같은 동성애'
와의 싸움에도 쉽게 이기지 못하고 있는 한국교회의 현실을 지적하고
있으며, 그 뒤의 내용도 마찬가지다. 한국교회가 '도덕적 권위'를 완전히
상실했음을 강조한다. "지금이라도 낙타와 하루살이를 구분하고 낙타
에 집중해야 하루살이를 구할 수 있다"라는 그의 전제에 혹시나 하고
희망을 거는 독자가 있을지 모르지만, 손봉호 교수의 논리 속에서 한
국교회는 "아무리 옳은 주장을 해도 '너나 잘하세요' 야유만 받게 되는"
존재로 규정될 뿐, 도덕적 권위를 회복할 가능성은 전무한 것으로 파악
된다.
　그런데 여기서 손 교수의 이런 해석은 매우 신중하게 다뤄져야 한다.
그의 논리는 단순히 '윤리적'인 발언으로만 이해되어서는 안 될 전제들
이 내포되어 있기 때문이다.

사실 예수님이 박하와 회향과 근채의 십일조까지도 알뜰하게 챙기는 바리새인과 서기관들에게 정의와 긍휼과 믿음을 말씀하시면서 도덕적 의무를 행할 것을 강조하신 사실은 부인될 수 없다. 맞는 사실이다. 그러나 좀 더 깊이 생각해보자. 예수님은 '하루살이'와 '낙타' 양자를 비유로 들면서 바리새인의 위선을 지적하셨다. 바리새인의 위선을 지적하기 위해 전자와 후자를 가져온 것이다. 그런데 손 교수는 돌연히 예수님 말씀을 가로채고 나선 후, 한국교회는 후자를 안 했기 때문에 전자를 할 수 없다는 논리를 펴고 있다. 탐욕이라는 '낙타'를 삼켰기 때문에, 동성애라는 '하루살이'도 막기 힘들게 되었다고 말한다. 여기서 우리는 예수님의 말씀과 손 교수의 논리 사이에 뭔가 심상찮은 괴리가 발생했음을 눈치채야 한다. 어떤 괴리가 발생한 것일까?

　예수님이 '하루살이'와 '낙타'를 '사소한 것/중요한 것'이라는 원관념의 은유로 사용하신 반면, 손 교수의 논리는 그렇지 않다. 다시 그의 논리를 찬찬히 살펴보자.

　　한국교회가 초기처럼 예수님이 낙타에 비유했던 '정의와 긍휼'에 힘을 기울였다면 그때 누렸던 도덕적 권위를 계속 유지할 수 있을 것이고 하루살이 같은 동성애와의 싸움에도 쉽게 이길 수 있었을 것이다.…

　그의 논리는 예수님의 비유와 어떤 차이를 갖고 있는가. 그의 논리에 의하면 '하루살이'와 '낙타'는 '사소한 것'과 '중요한 것'이라는 원관념의 의미를 벗어나 있다. 위의 인용 속 논리 전개를 살피면 "한국교회가 초기부터 예수님이 낙타에 비유했던 정의와 긍휼에 힘을 기울였다면"이라는 표현에서 나타나듯이 '윤리'는 단순히 '중요한 것'이라는 원관념의 의미가 해체되면서, '하루살이' 같은 동성애와의 싸움에도 쉽게 이길 수 있었을' '원인'이 되고 '중심'이 되고, '본질'이 되고 있기 때문이다.

이 차이의 의미는 매우 심대하다. '하루살이'와 '낙타'가 '사소한 것'과 '중요한 것'의 비유가 되면, 이 양자는 예수님께서 말씀하신 의미대로 서기관과 바리새인의 '위선'을 강조하는 뜻으로 사용될 수 있다. 반면 손봉호 교수의 해석처럼 '하루살이'와 '낙타'가 '결과'와 '원인'으로서의 의미를 갖게 되면 그의 해석은 당초 예수님의 말씀과는 전혀 다른 의미를 갖는다. 왜냐하면 손 교수는 여기서 윤리를 강조한 것이 아니라 윤리 '만' 강조하고 있기 때문이다. '윤리'가 절대 진리가 되고 있기 때문이다.

그러니까 내가 보기에 손 교수는 예수께서 바리새인을 책망하기 위해 사용하신 '하루살이'와 '낙타' 비유를 비틀어서, '낙타'의 '윤리'만을 절대 진리 기준으로 내세움으로써, "기독교 신앙은 오직 윤리의 맥락에서만 긍정되고 그 진실성이 검증될 수 있다"는 알브레히트 리츨 류의 해석을 하고 있다고 볼 수 있다.[100] 결과적으로 손 교수는 "이것도 행하고 저것도 버리지 말아야 할지니라"고 하신 예수님의 말씀을 해체하면

---

100) 이정훈, 〈교회를 미혹하는 이데올로기, 크리스천이면 분별하라〉(유튜브, 엘정책연구원) 참조. 이런 윤리신학은 현대신학에서 하나의 거대한 흐름을 형성하고 있다. 필자가 보기에 손 교수처럼 예수님의 말씀, 하나님의 말씀을 임의적으로 변형시켜서 윤리만을 절대 진리로 내세우는 행위는 일종의 사신(死神) 신학이 된다. 말씀을 부정하고 말씀의 주체와 권위를 박탈하고 인간이 디자인한 윤리 이데올로기를 내세우기 때문이다.

서 윤리만이 절대 진리가 되는 윤리의 이데올로기화를 주장하고 있는 것이다.

그러니까 손 교수의 논리에는 예수님이 없다. 교묘한 논리 전개 과정을 통해 복음 자체이신 그분의 말씀은 해체되고, 윤리'만'이 강조되며, 윤리'만'이 알파와 오메가가 되는 윤리의 이데올로기화가 주창되고 있는 것이다. 바꾸어 말하면 말씀의 본의(本意)를 의도적으로 변형시킴으로써 말씀을 해체하고 말씀의 주체인 예수 그리스도의 권위를 삭제하고 박탈했을 때, 그 담론이 지향하는 윤리는 '기독교윤리'가 아니고 세속적인 이데올로기가 된다. 그 담론의 주체가 목사든 장로든 그 누구든 상관없이 말이다.

이데올로기란 인간·자연·사회의 총체에 대하여 사람들이 품게 되는 의식 형태이며, ① 그들의 존재에 그 근저적(根底的)인 뜻을 부여하며(가치체계), ② 자신과 객관적 제조건에 대한 현실적 인식을 가져오며(분석체계), ③ 원망(願望)과 확신에 의해 자신의 잠재적 에너지를 의지적으로 활성화함(신념 체계)과 더불어, ④ 구체적인 사회적 쟁점에 대한 수단과 태도의 선택 도식(圖式)을 포함한다. 이러한 내용을 가진 의식 형태가 사회집단(정당·조직·세대·계층·계급 등)에 의하여 공유되면 그곳에 '사회적 이데올로기'가 성립한다. 또 이 사회적 이데올로기가 구체적인 각 개인의 생활을 통하여 내면화하면 각 개인의 '개인적 이데올로기'가 형성된다. 사람들은 갖가지 사회적 이데올로기가 착종(錯綜)하는 가운데서 전통적 요인이나 심리적 요인의 영향을 받으면서도 기본적으로 그 사회의 구조에 조응

(照應)하는 어떤 개인적 이데올로기의 담당자가 되는 것이다. 사람들은
싫든 좋든 이데올로기에 의해 현실을 파악한다.101)

이런 관점에서 보면 손봉호 교수는 윤리를 절대 진리 기준으로 삼는
가치체계를 주창하고, 그 가치체계에 의해 한국교회의 현실을 분석하
고 비판하고 있다. 그의 이런 '개인적 이데올로기'는 그가 속해 있는 기
윤실이나 성서한국 등을 통해 '사회적 이데올로기'로 구현된다. 혹은 양
자는 역방향으로 상호작용한다.

앞에서도 지적했지만, 문제는 손봉호 교수의 '윤리'에는 복음, 즉 예
수 그리스도가 완전히 빠져 있다는 점이다. 기독교 신앙에는 그리스도
에 대한 가르침으로서의 교리와 그리스도의 길로서의 윤리, 이 모두가
있어야 한다. 윤리를 축소하고 교리만을 강조하는 사람의 삶은 공허하
며, 교만해지거나 율법주의에 빠지기 쉽다. 그들은 교리적 지식을 남을
정죄하는 데 사용할 가능성이 크다. 반대로 윤리만을 추구하고 교리를
소홀히 여기는 사람은 맹목적이며, 방향성을 상실한 채 길을 잃게 될
것이다. 이 사람들은 그저 시대의 유행을 따를 뿐, 자신에게 주어진 사
명을 찾지 못한 자들이다. 그렇기에 우리는 바른 교리와 바른 실천 모
두를 붙잡아야 한다. 그것이 바로 복음이다.102) '윤리'가 '교리'와 균형을
맞추지 않고, '윤리' 자체를 절대화하는 순간, 그 '윤리'는 이데올로기가

---

101) [네이버 지식백과] 이데올로기의 구조와 기능 (두산백과) 참조.

102) 우병훈, 『기독교 윤리학』(복 있는 사람, 2019), 13면.

된다.[103)]

손 교수의 논리 속에서 진리이신 예수님은 '윤리'로 대체된 채 삭제된다. 손 교수는 바리새인을 책망하는 예수님의 말씀을 교묘하게 비틀고, 해체하여 '윤리'를 절대 진리로 규정하고 선포함으로써, 「마태복음」 23장 23절과 24절 말씀의 주체이시며, 성경 전체 속에서 길이요 진리요 생명으로 선포된 예수님을 그 본문에서 교묘하게 삭제해버린 이 시대의 바리새인이다.

예수 그리스도를 삭제하고 거기다 최소한의 교리마저 삭제한 윤리는 이데올로기다.[104)] 복음의 완전한 해체로 봐야 한다. 따라서 그의 윤리에는 예수 그리스도가 존재하지 않는다.

루이 알튀세르는 '사람들이 자신들의 세계를 이해하는 방식이 곧 이데올로기'라고 설명한다. 그에게 이데올로기란 '우리가 우리 자신의 경

---

103) '윤리'를 강조하고 '교리'를 소홀히 했던 19세기 독일의 자유주의 신학에서는 자연스럽게 삼위일체론이나 그리스도의 신인성 문제같은 주제는 무시된다. 원칙적으로 윤리학이 그 역할을 진정으로 감당하기 위해서는 성경에 나타난 하나님의 계시로 돌아가서 교의학적 주제들과 씨름해야 한다. "윤리학 없는 교의학은 공허하고, 교의학 없는 윤리학은 맹목적이다" 우병훈, 같은 책, 32면 참조. 예수님을 배제하고 교리를 배제한 손 교수의 '윤리'는 그 자체를 '맹목적'으로 절대화함으로써 이데올로기화할 수밖에 없다. 이런 입장은 리츨과 매우 유사하다. 리츨은 예수의 의가 우리에게 전가된다는 개신교 정통 교리를 거부했다. 그에 따르면 예수님의 신성은 일종의 윤리적 가치 판단에 해당한다. 그는 성경을 인간적인 차원으로만 이해한 나머지 초자연적 요소를 없앤 신학과 순전히 인간적인 예수와 행위의 의만을 강조한 복음을 가르쳤다. [존 프레임 지음, 조계광 옮김, 『서양 철학과 신학의 역사』(생명의 말씀사, 2021), 451면 참조.]

104) 그의 이데올로기에는 창조가 존재하지 않는다. 따라서 복음도 존재하지 않는다. 창조가 없으면 타락도 없고 십자가도 없다. 오직 인간이 고안해낸 이데올로기가 절대 타자로 존재할 뿐이다. 팀 켈러는 창조를 믿지 않으면 인간을 존엄성을 가진 존재로 대접할만한 '합리적' 이유가 전혀 없다고 말한다. [팀 켈러, 최종훈 옮김, 『팀 켈러의 정의란 무엇인가』(두란노, 2020), 134면.] 정확하게 말하면 손봉호 교수가 믿는 기독교는 '그리스도 없는 기독교'이며, '이데올로기가 왕 노릇하는 기독교'라는 합리적 의심을 필자는 갖고 있다.

험을 이해하는 데 사용하는 일종의 담론'이다.[105] 손 교수의 '윤리 이데 올로기'는 한국교회를 향한 손 교수 특유의 인식 세계, 곧 그의 '프레임' 을 구성하게 된다. 즉 "이데올로기는 개인이 그들 실존의 실제 조건과 맺는 상상적 관계를 표현한다."[106]

이런 관점에서 손봉호 교수로 하여금 한국교회를 향해 개신교 역사상 가장 타락한 교회라고 '심판'하고 완전히 망해야 한다고 '저주'하는 담론들 은 '기독교윤리'에 입각해 있지 않다. 그 담론들은 개신교에 적대적이고 반 역적인 이데올로기의 명령에 복무하고 있는 것으로 봐야 한다.

루이 알튀세르에 의하면 이데올로기는 무의식이며 무의식화된 이데 올로기가 그 이데올로기를 수용한 자들에게 명령한다고 설명한다. 이 는 예수 그리스도가 「요한복음」 15장 4절~7절에서 말씀하신 다음의 내 용과 대조된다.

4. 내 안에 거하라 나도 너희 안에 거하리라 가지가 포도나무에 붙어있지 아니하면 스스로 열매를 맺을 수 없음 같이 너희도 내 안에 있지 아니 하면 그러하리라
5. 나는 포도나무요 너희는 가지라 그가 내 안에, 내가 그 안에 거하면 사 람이 열매를 많이 맺나니 나를 떠나서는 너희가 아무것도 할 수 없음 이라

---

105) 루크 페레타 지음, 심세광 옮김, 『루이 알튀세르의 이데올로기』(앨피, 2014), 147면
106) 앞의 책, 149면.

6. 사람이 내 안에 거하지 아니하면 가지처럼 밖에 버려져 마르나니 사람들이 그것을 모아다가 불에 던져 사르느니라
7. 너희가 내 안에 거하고 내 말이 너희 안에 거하면 무엇이든지 원하는 대로 구하라 그리하면 이루리라

예수 안에 있는 신자들은 예수의 말씀에 순종한다. 반면 이데올로기 안에 거하는 이데올로지스트들은 이데올로기의 명령에 순종하게 되는 것이다. 루이 알튀세르가 요한복음을 읽었는지 안 읽었는지 모르겠지만 그는 나름대로 옳은 소리를 하고 있다. 이데올로기가 그 안에 충만하면 그 사람은 당연히 이데올로기의 명령에 순종한다.

반면 예수님의 말씀이 그 안에 충만하면 그 사람은 당연히 그 말씀에 순종하게 되어 있는 것이다. 그러니까 제도권 개신교 교회에 속해 있는 장로가 한국교회를 비판했다고 그게 자동적으로 무조건 '기독교윤리'가 되지 않는다. 그 사람 안에 무엇으로 충만한지가 중요하다. 그 누구든 그 담론의 코드가 무엇인지를 읽어내고 분별할 줄 알아야 한다. 한국교회 중 문제를 일으킨 교회들이 적지 않지만, 거기에 대한 비판도 말씀에 근거하고 성령의 명령에 복무해야 '기독교윤리'가 된다. 한국교회 안에는 아직 성령의 명령에 복무하는 담론과 이데올로기의 명령에 복무하는 담론, 즉 이데올로기를 분별하지 못하는 사람들이 너무나 많다. 필자가 이 책을 쓰고 있는 이유 중의 하나가 바로 여기에 있다.

손 교수의 윤리 담론은 '기독교윤리'에 근거하지 않고 '이데올로기 윤리' 명령에 복무한다

> 그러므로 그의 윤리 담론은 〈복음주의〉가 아니라 〈복음쥐〉다. 그러므로 〈복음쥐〉의 논리로 한국교회 전체를 때리는 그는 한국교회의 '멘토'가 아니다. 그는 복음주의자가 아니라 사회윤리를 중시하는 이데올로지스트다. 그러니까 복음주의권 한국교회의 입장에서 볼 때 사실상 그는 한국교회의 파괴자이자 적이다

루이 알튀세르에 의하면 빈 공간, 혹은 알 수 없는 충동과 에너지 덩어리, 즉 인간이라는 원초적 개체를, 어떤 가치와 규범에 따라 움직이고, 무엇인가 되고 싶어 하며, 때로는 무엇을 보고 분개하고, 그것이 속해 있는 공동체의 삶의 모습에 대한 특정적인 이해를 하게 만드는 것, 바로 이것이 이데올로기다. 그에 의하면 이데올로기는 개인을 주체로서 호명한다. 개인은 이데올로기에 의해 호명됨으로써, 즉 그 이름이 부여되고 불림으로써 비로소 주체가 된다.

다시 손봉호 교수에게 초점을 맞추면 앞서 살펴보았듯이 그의 '윤리 이데올로기'는 신좌파의 반(反)자본주의, 반(反) 교회적 사회주의 혁명 노선과, '약자 중심의 윤리'라는 프롤레타리아 계급의식을 반영하고 있는 혁명노선을 담보하고 있다.[107] 그러니까 루이 알튀세르에 의하자면 손 교수는 사회주의 이데올로기의 호명을 받고 그 이데올로기의 소명에 충실한 이데올로지스트다. 장로교 장로라는 직분을 갖고 있는 협동 설교자임에도 불구하고 손 교수는 기독교 인격신에 의해 부름받고 소명받은 신자가 아니라 사회주의 혁명 이데올로기에 의해 주체로 호명된 존재다.[108]

이렇게 볼 때 손 교수의 한국교회에 대한 극언들, "한국교회는 개신교 역사상 가장 타락한 교회다."는 발언, 그리고 "한국교회는 망해야 한다."라는 극언 등은 사회주의 혁명 이데올로기에 의해 부름을 받은 손 교수가 한국교회를 죽이기 위해 설정한 전략적 프레임이다. 한국교회를 '타락'과 '멸망'이라는 인식의 덫에 가두기 위한 목적으로, 궁극적으로 해체하기 위한 목적으로, 손 교수는 그런 프레임을 한국교회에 덧씌워 온 것이다.

---

107) 필자는 졸저 『손봉호 교수는 누구인가』(세컨리폼, 2020)에서 손 교수의 '약자 중심의 윤리'를 분석하면서 성경에 나타나는 '약자 보호 윤리'는 '공감'의 윤리학이 될 수 있지만, '약자 중심의 윤리'는 '공감'에 이데올로기를 교묘하게 섞어 넣은 계급투쟁 논리라고 설명한 바 있다. 그의 '약자 중심의 윤리'는 그가 평생 쌓아온 시민운동의 핵심 강령임을 그의 저서 『고통받는 인간』(서울대학교출판문화원, 2016), 147면을 인용하면서 밝힌 바 있다.

108) "이데올로기는 개인을 주체로서 맞이하거나 호명한다." [루크 페레터 지음, 심세광 옮김, 『루이 알튀세르의 이데올로기』(앨피, 2014), 164면.] 루이 알튀세르에 의하면 기독교는 '종교 이데올로기'다. 이 이데올로기 안에서 이데올로기의 주체인 기독교인들은 교회의 이데올로기적 장치에 의해 불리거나 호명되는 것으로 파악되고 있다. (앞의 책, 167~168면.)

그러므로 손 교수의 윤리 담론은 〈양의 문〉으로 양의 우리에 들어온 것이 아니다. 윤리 이데올로기의 이름으로 양 우리의 담을 넘은 것이다. 그러므로 손 교수는 한국교회의 '멘토'가 아니다. 파괴자이자 적이다. 필자의 생각이 아니다. 성경의 말씀이다. 요한복음10장 1절-2절 "1 내가 진실로 진실로 너희에게 이르노니 문을 통하여 양의 우리에 들어가지 아니하고 다른 데로 넘어가는 자는 절도며 강도요 2 문으로 들어가는 이는 양의 목자라"라고 예수께서 말씀하신다. 그러니까 윤리 이데올로기로 한국교회를 저주와 정죄의 프레임으로 공격하는 손 교수의 담론은 절대로 '양의 문'으로 들어간 목자의 목소리가 아니다. 한국교회 성도들은 자신이 우파라고 생각하든 좌파라고 생각하든 목자의 음성과 담 넘어 들어온 가짜 목자의 음성을 분별할 줄 아는 양들이 되어야 한다. '윤리'만 외치면 그냥 진짜 목자인 줄로 아는 사람들은 순진한 게 아니라 어리석은 것이며 분별력이 없는 것이다.

손 교수의 이 프레임은 다음과 같은 맥락에서 이해할 수 있다.

> 프레임은 한마디로 '세상을 바라보는 마음의 창'이다. 어떤 문제를 바라보는 관점, 세상을 향한 마인드셋(mindset), 세상에 대한 은유, 사람들에 대한 고정관념 등이 모두 프레임의 범주에 포함되는 말이다. 프레임은 특정한 방향으로 세상을 보도록 이끄는 조력자의 역할을 하지만, 동시에 우리가 보는 세상을 제한하는 검열관의 역할도 한다."[109]

---

109) 최인철, 『프레임』(2판, 21세기북스, 2019), 23~24면.

사람의 지각과 생각은 항상 어떤 맥락, 어떤 관점 혹은 일련의 평가 기준이나 가정하에서 일어난다. 그러한 맥락, 관점, 평가 기준, 가정을 프레임이라고 한다.[110] 따라서 손 교수의 프레임은 그의 '지각과 생각', 즉 윤리 이데올로기가 갖고 있는 '관점, 평가 기준'이라고 보면 될 것이다. 조지 레이코프에 의하면 프레임은 "우리가 세상을 바라보는 방식을 결정하는 정신적 구조물이다. 프레임은 우리가 추구하는 목적과 우리가 짜는 계획, 우리의 행동하는 방식, 우리가 행동하는 결과의 좋고 나쁨을 결정한다."[111] 라고 하였다.

이런 관점에서 개신교인들에게 교회에 대한 환멸감과 절망감을 심어주고 비개신교들에게는 교회에 대한 혐오감을 퍼뜨리기 위한 인식론적 프레임 장치에 윤리라는 이름을 덧씌워 확산시키고 있는 손 교수는 반(反) 교회론의 전도사다.[112]

필자의 생각으로는, 교회론의 관점에서 볼 때 손 교수를 평가함에 있어 '좌·우'의 잣대를 적용하기보다는 오히려 '교회적/반(反) 교회적'의 준거를 적용해야 더욱 정확하다고 여겨진다. 그는 반(反) 교회적이다. 더 정확하게 말하면 그는 반(反) 복음주의자다. 신학을 했고 협동설교자

---

110) 앞의 책, 27면.

111) 나익주 감수·유나영 옮김, 조지 레이코프, 『코끼리는 생각하지 마』(와이즈베리, 2019), 10면.

112) "프레임은 우리가 지각하고 생각하는 과정을 선택적으로 제약하고, 궁극적으로는 지각과 생각의 결과를 결정한다." 다시 말해서 "프레임은 우리가 무엇을 〈보는지〉, 어떤 〈판단〉을 내리는지, 어떤 행동을 하는지, 그 모든 과정을 특정한 방향으로 유도하고, 결국 특정한 결과를 만들어낸다." (최인철, 같은 책, 27면.)

이며 직분은 장로지만, 그는 반 교회적인 사람이다. 앞서 살펴보았듯이 한국교회를 저주와 멸망의 프레임에 가둬놓은 다음, 고사시키고 해체하려는 것이 그의 교회관이다.

이런 관점에서 자신을 중도좌파로 여기든 중도우파로 여기든, 혹은 좌로 여기든 우로 여기든 손 교수를 '반(反)복음주의적'인 사람으로 이해해야, 손 교수에 대한 '한국교회'의 대응과 대처를 위한 근본적인 실마리가 풀린다. 더 정확하게 말하자면 그는 복음주의자가 아니라 교회해체를 지향하는 사회윤리 이데올로지스트다. 반(反) 교회적인 사람이 교회를 향해 저주의 프레임을 걸어놓고 비판하는 것을 '기독교 윤리'라고 착각해서는 안 된다. 그를 '기독교' 윤리의 관점에서 한국교회의 원로이자 어른으로 존경하고 추앙하고 추종해온 일각의 해석은 이제 멈추어야 한다. 그런 해석 자체가 사회윤리주의자이자 이데올로지스트로서의 손봉호 교수의 삶을 부정하거나 무시하는 무례한 행위가 될 수 있음을 기억해야 한다.

윤리에만 극단적으로 매달리면 이데올로기다. 윤리는 교리의 말씀을 먹고 영혼의 균형을 잡아야 한다. 윤리와 교리의 균형을 이루는 자가 예수 그리스도를 늘 인격적으로 만나게 된다. 그런데 윤리를 위해 교리를 포기하는 것을 '기독교 윤리'라고 착각하는 사람들이 한국교회 안팎에 생각보다 훨씬 많다는 게 문제이고, 필자의 고민이자 기도제목이다.

청년들과의 대화: 우병훈 교수 저서 『기독교윤리학』에
나타난 기독교윤리 담론의 자기모순 - 명망과 진리를 분별해야
〈복음주의〉'기독교윤리'가 가능해집니다.

손 교수의 논리에 의하면 '교회=도덕'이라는 공식이 나온다. 도덕적 권위가 있어야 존중되어야 할 교회가 된다. 도덕적 권위를 상실하면 그 교회는 교회가 아니다. '망해야' 할 교회며 '개신교 역사상 가장 타락한' 교회가 된다. 그러나 우병훈 교수에 의하면 "교의학은 올바른 믿음 (orthodox faith)을 가르치고 윤리학은 지도받는 믿음(directed faith)을 가르친다. 교의학적 근거를 상실한 윤리학은 카이퍼의 비유처럼 '나무의 뿌리는 병들어 가는데 나뭇가지만을 들고 주문을 외우려는 것'과 같다. 윤리학은 중요한 분과이지만 하나님의 계시는 인간의 행동에 대한 이야기를 넘어선다."[113]

한국교회의 일부 교회가 윤리적으로 타락했고 문제점들을 드러낸 것은 사실이긴 하지만, 그렇다고 한국교회 전체를 극악한 프레임을 걸어

---

113) 우병훈, 『기독교 윤리학』(복 있는 사람, 2019), 32면.

서 단죄하고 정죄하고 심판하는 것은 '윤리'적으로는 정당할 수는 있겠으나 '교리'적으로는 정당하지 않다. 앞서 이재철 목사의 경우에도 살펴보았지만, 자신이 심판자가 되어서 한국교회를 망하게 만들고 개신교 역사상 가장 타락한 교회로 정죄하는 것은 교리도 아니고 하나님을 모시는 성도의 신앙적 자세도 아니다. 손 교수는 하나님의 심판권을 위임받았는가? 자신이 한국교회에 퍼부었던 정죄와 저주들을 되돌아보면서, 손 교수는 이 질문에 스스로 답해야 할 것이다.

우병훈 교수의 논리에 의하면 손봉호 교수는 '교의학의 근거를 상실한 윤리학'에 불과하다. 예수 그리스도에 대한 '믿음'을 의도적으로 삭제한 '윤리학' 혹은 '윤리의 이데올로기화'에 불과한 것이다. '도덕적 권위'의 '상실', 그것도 일부 교회나 성직자, 평신도들의 불법과 탐욕과 음행만으로 한국교회 전체를 '망해야' 할 교회로 매도하는 태도는 교리와 윤리 중에서 '윤리'만을 강조함으로써 '교리'에 의해 '지도받는 믿음'을 상실한 '윤리'가 된다는 의미에서 율법적이다. 그리고 도덕적 권위의 상실을 전면적으로 비판하고 정죄함으로써 얻게 되는 의는 바리새적 의가 된다.

그런데 문제는 이처럼 기독교윤리학에 대해 명증한 정의를 밝힌 우 교수가 자신의 책 서문에서 손봉호 교수를 '기독교윤리'의 첫 이름으로 치켜세우고 있다는 사실이다. 필자가 오지랖 넓게 이런 말을 하는 것은 괜한 일에 참견하고 싶어서가 아니다. 우교수 자신의 책에서 전개된 논리에 의하면 손 교수의 윤리 담론은 '기독교윤리'가 아니기 때문이다.

그렇다면 의문이 남는다. 우 교수가 문화권력가로서의 손 교수를 '기독교윤리' '운동'의 대부로 지적한 것인지, 아니면 진짜 손 교수를 '기독교윤리'의 정의에 맞는 윤리 담론과 사회 활동을 펼친 사람으로 해석하고 있는 것인지에 대해 명확히 자신의 입장을 밝힐 필요가 있다. 자신이 책에서 설명하고 있는 '기독교윤리' 정의에 맞지 않는 적용을 그 책의 시작인 서문에서부터 하고 있는 이런 현상을 어떻게 봐야 할까? 그냥 'S라인'이나 'K라인'의 맥락에서 봐야 하는 건지, 필자는 도통 감이 잡히지 않는다. 신학대학교에서 책으로 기독교윤리를 강의하는 교수가 자신의 이론 적용의 첫 현장인 자신의 책의 서문에서부터 '기독교윤리'에 대한 개념과 정의에 대해 혼란을 보여주고 있는 현실이 매우 충격적이고 안타깝다.

6-4

반(反) 복음주의적 이데올로기의 극좌화

: 『복음의 공공성』이라는 이름으로 포장된 김근주 박사의
'그리스도 없는 기독교' 혹은 〈복음쥐〉

　손봉호 교수의 경우 그의 프레임은 2011년 이후 분명하게 드러났지
만, 윤리 이데올로기는 그 정체가 '커밍아웃'되지 않은 감춰져 있었다.
앞서 살펴보았듯이 '동성애는 대세다'라는 프레임에 이데올로기가 숨겨
져 있었고(최근 그는 동성애에 대해 반대한다는 입장을 보이기는 했지
만), '약자 중심의 윤리'의 경우도 마찬가지였다.

　반면 성서한국 진영에서 활발한 활동을 보이고 있는 김근주 박사의
경우는 손 교수와 전혀 다르다. 어떤 의미에서는 손봉호 교수에게서는
명확하게 드러나지 않은 채 감춰져 있었던 윤리 이데올로기의 정체가
매우 속시원하게(?) 구체적으로 커밍아웃되고 있다.

　김근주 박사의 『복음의 공공성』(비아토르, 2019)을 호기심과 인내심
을 갖고서 읽어나가다 보면[114] 독자는 저자가 복음을 구약에서 찾고 있

---

114) 그가 이 책에서 의미하는 〈공공성〉의 개념은 다양한 개념들 중에서 "국가에 관계된 공적인(official) 것이
　　라는 의미로 볼 수 있다. 이 의미에서의 '공공성'은 국가가 법이나 정책과 같은 것을 통해 국민을 대상으

으며[115], 신약을 구약에 결과적으로 종속시키는 독법을 보여주고 있음을 발견한다. 저자가 이런 독법을 시도하는 이유는 이 책을 읽어나가다 보면 더욱 명확하게 밝혀진다.

이 책을 쓴 가장 기본 취지는 구약이 전하는 복음을 살펴보는 것이다. 흔히 구약은 율법, 신약은 복음이라는 선입견이 그릇되었다는 것을, 구약이 줄곧 영광스럽고 풍성한 복음을 전한다는 것을 그는 이 책에서 드러내고자 했다. 구약의 여러 본문을 찬찬히 주석하고 풀이하고 오늘의 현실과 연결하여 해석하면서, 그 면면에 흐르는 복음의 공동체적이고 공적인 특징을 드러내고자 하였다.[116]

김근주 목사가 '구약이 전하는 복음'을 찾고자 하는 이유는 명백하다. '공동체적이고 공적인 특징'을 '오늘의 현실과 연결하여 해석'하고자 하기 때문이다. 그러니까 다른 부분을 읽지 않아도 벌써 이 단락을 통해 적어도 한 가지 사실은 눈치챌 수 있게 된다. 그건 김근주 박사의 '복음'에는 예수 그리스도가 없다는 사실이다. 예수 그리스도의 복음은 해체되어버리고 '공동체적이고 공적인' 정치적 공공성이 그의 '복음'이 되기

로 실시하는 활동을 가리킨다. 가령 공공사업·공공투자·공적자금·공교육·공안(公安) 등의 말이 이 카테고리에 포함된다. 이에 대비되는 것은 민간의 사적 활동이다. 이 의미에서의 '공공성'은 강제·권력·의무라는 울림을 갖게 된다. [사이토 준이치, 윤대석·류수연·윤미란 옮김, 『민주적 공공성』(이음, 2018), 18면.]

115) "라이트가 지적하듯이, 오늘날 교회는 바울의 칭의 개념이라는 맥락에서 복음서를 이해하는 듯하다. 그러나 바울을 읽는 맥락이 복음서이고, 복음서의 맥락은 바로 구약이다. 성경 본문의 의미를 문맥에 따라 파악해야 한다는 것이 누구에게나 자명한 사실이라고 할 때, 우리는 신약성경의 문맥은 구약임에 유의해야 한다." (김근주, 앞의 책, 10~11면.) 복음은 궁극적으로 예수 그리스도인데, 김근주 박사는 이 복음을 부정하고 해체하기 위해 구약으로 거슬러 돌아가는 성경 독법을 보이고 있다. 이런 성경 독법 자체가 반복음주의적이다.

116) 김근주, 같은 책, 7~8면.

때문이다.

장 칼뱅을 비롯하여 『웨스트민스터신앙고백』 같은 데에서, 구약 율법을 이른바 시민법, 도덕법, 제의법으로 구분하여 율법의 폐지와 존속을 말한 것도 근본적인 문제를 초래했다. 〈…중략…〉 이러한 규정들을 폐지된 것으로 여기자 구약 전체는 개인 윤리와 연관된 도덕 영역으로 축소되었다. 그 결과 개신교 신앙은 구약을, 더 나아가서는 성경 전체를 지극히 사적인 영역에 가두어버렸다. 이처럼 구약의 정치적, 사회적, 구조적 차원에 주목하지 않는 것은 단순히 부족한 읽기가 아니다. 하나님 말씀인 성경 전체를 파괴하고 뒤흔들어버리는 읽기다. 정치적 차원을 간과하고 성경을 읽으면 성경이 격언 모음집이나 영적 비밀 모음집이 되어버린다고 볼 때, 우리가 흔히 해오던 성경 해석은 이단 사이비 종파의 출현을 이미 배태한 셈이다.[117]

저자의 논리에 따르자면 21세기 한국에서 기독교 성경해석학 역사상 매우 경이로운 코페르니쿠스적인 전환이 일어난 셈이다. "정치적인 이해는 틀과 구조를 인식하는 것이다. 성경을 개인적이고 내면적으로 적용하는 말씀으로 만들기를 거부하는 것이다. 그렇지 않으면 아이히만과 같은 존재가 필연적으로 출현한다."라는[118] 저자의 그 구약 중심적 '정치적' '복음'의 지향점은 '정의와 공의'다. 저자는 그 '정의와 공의'가 없는 신약 중심적 복음은 톰 라이트의 표현대로 '빈 망토'에 불과하다고 갈파한다.

---

117) 김근주, 같은 책, 20면.
118) ____, ____, 21면.

하지만 단도직입적으로 말해서 성경에서 말씀하는 '정의'와 '공의'는 하나님 말씀이며, 그 말씀을 지킬 때 정의가 지켜지고 공의가 이루어지는 것이다. 성경적인 정의는 하나님이 창조주이시며 역사의 주관자이시기 때문에 결국 인간이 가진 모든 게 주님의 소유라는 관점에서 이루어지는 것이다.[119] 하나님의 은혜를, 구속사역을 통한 은혜를 온 마음으로 절감한 사람은 공의를 행하기 마련이다. 〈…중략…〉 은혜는 인간을 정의롭게 한다.[120]

그러니까 계급적 증오와 이데올로기에 의해 행하는 것은 성경에서 말씀하는 정의와 공의가 전혀 아니다. 하나님의 말씀에 순종하는 것이 선이며, 불순종하는 것은 악이다. 하나님의 말씀인 성경을, 신약과 구약을 분리하고 구약에서 '정치적' '정의'와 '공의'를 말하면서 마르크스-레닌주의에서 체계적인 해답을 찾고자 하는 김근주 박사의 행각은 마르크스 유물론 이단 사이비 종파의 21세기 버전일 뿐 전혀 새로운 것이 아니다. 예수 그리스도를 삭제하고, 복음을 해체하고 마르크스 이데올로기를 절대 진리이자 정의와 공의의 근원으로 대체하려고 하는 구도는 손 교수의 경우나 김근주 박사의 경우나 똑같지 않은가?

> 신학 용어로 말한다면 마르크스주의 공산주의는 인간에게 중생의 경험 없이 성화의 삶을 살라고 요구하는 것과 같은 것이다. 〈…중략…〉 마르크스주의는 신학 용어로 말하자면 좋지 못한 나무에서 좋은 열매를 기대하

---

119) 팀 켈러, 최종훈 옮김, 『팀 켈러의 정의란 무엇인가』(두란노, 2020), 141면.
120) _____, 앞의 책, 147면.

는 것이며 충고에 의해 모든 일이 실현된다고 믿고 있는 듯한 일종의 율법 주의이다. 마르크스주의는 먼저 인간의 마음을 변화시키지 않고 '율법의 사역'으로 새 생명을 얻으려는 바리새적 종교의 한 형태이다. 그것은 초기 유대교에서 실패를 맛보았으며 또한 마르크스주의에서도 성공하지 못할 것이다. 정의에 대한 선포만으로는 결코 정의를 실현할 수 없는 것이다.[121]

죄의 구속력 인정이 보수주의의 주요한 신조다. 퀸틴 호그는 『보수주의 옹호』라는 작지만 힘이 넘치는 책에서 이 신념의 필요성을 재차 강조했다. 왜냐하면 보수주의 사상가들은 인간이 타락했고 인간의 욕구는 억제될 필요가 있으며 죄를 억제하려면 관습과 권위, 법과 정부의 힘은 물론 도덕적 규율까지 필요하다고 믿기 때문이다. 이러한 신념은 그 뿌리가 애덤스를 통해 칼뱅주의자와 어거스틴으로, 버크를 통해 후커와 중세 스콜라 철학자, 곧이어 성 어거스틴으로 그리고 어거스틴을 넘어 마르쿠스 아우렐리우스와 금욕주의 교사들은 물론 성 바울이나 히브리인에게로 이어진다.[122]

다시 김근주 박사에 대한 논의로 돌아가서 그는 『복음의 공공성』에서 복음의 '빈 망토'에 무엇을 담고 채우고자 하는가. 이 책의 결론 부분에서 저자는 그 '빈 망토'에 채워야 할 것이 무엇인지를 말하고 있는데, 그

---

121) 크라우스 보무무엘 지음, 이종윤 편역, 같은 책, 177면. 제발 자본주의를 모르면 언급하지 말든지, 했으면 좋겠다. 유튜브에서 이정훈 교수의 강의들을 열심히 듣고 신영복 교수 같은 공산주의자들의 사랑의 속삭임에 현혹되지 않게 되기를 바란다. 건강한 자본주의가 무엇인지, 종교개혁이 자본주의와 어떤 연관성을 갖고 있는지, 자본주의와 자유민주주의의 관계가 무엇인지, 종교개혁의 진정한 의미가 무엇인지를 배울 수 있게 되기를 바란다.
122) 러셀 커크 지음, 이재학 옮김, 『보수의 정신』(지식노마드, 2018), 414면.

첫 번째는 반(反)자본주의의 정치적 '틀과 구조'로 요약할 수 있고, 두 번째는 사람이 왕이 되는 인본주의의 정치적 '틀과 구조'이다.[123]

결국 그는 길이요 진리요 생명이신 예수 그리스도를 두 가지 '틀과 구조'로 대체하는 관점을 보여주고 있다. 손 교수에서 김근주 박사로 이어지는 연속성은 윤리 이데올로기—반(反)자본주의와 사람이 왕이 되는 (손봉호 교수의 논리로 표현하자면 '약자가 중심이 되는'—필자 삽입) 인본주의의 정치적 '틀과 구조'로 이해할 수 있게 된다. 김근주 박사의 그 '틀과 구조'가 무엇인지는 이미 독자들도 충분히 감지하고 있을 것으로 여겨진다. 인본주의적 정의와 공의의 사회, 공산주의가 아니겠는가.

> 사실 정치적 정의와 공의의 최정점은 자코뱅주의다. 전형적인 좌파 지식
> 인은 자코뱅주의자이다. 자코뱅주의자는 세계에는 진리와 정의가 결여되
> 어 있으며 오류는 인간 본성에 있는 것이 아니라 기존 권력체제에 있다고
> 믿는다. 그는 기존의 권력에 반대하며 피억압자들의 오래된 불만을 교정
> 할 '사회정의'를 외치는 전문가임을 자처한다.[124]

반(反) 자본주의의 '틀과 구조'와 사람이 왕이 되는 인본주의의 '틀과 구조'로 이루어진 사회구성체는 도대체 어떤 것일까? 그곳은 지옥이 아닐까? 인간이 만들어낸 정의와 공의를 내세우면서 스스로 의인이라고 자처하는 자들이 끊임없이 죄인들을 생산하고 죽이는 지옥이 아닐까?

---

123) 김근주, 같은 책, 425~426면 참조.
124) 로저 스크루턴 지음, 강문구 옮김, 『신좌파의 사상가들』(한울아카데미, 2004),13면.

약자 중심의 윤리를 내세워 권력을 쟁취한 자들이 약자들의 등골을 빼먹는 '약은 자 중심의 윤리'를 마음껏 관철하고 강행하는 '약은 자'의 천국이 아닐까? 그런 사회구성체에, 스스로 의롭다고 하는 의인들만 살벌하게 설치는 사회에, 교회가 존재할 수 있을까?

협소한 획일성과 평등주의 그리고 모든 급진적 체계가 가진 공리주의적 목적을 의심하고 추상적 설계에 따라 사회를 구성하려는 '궤변론자, 숫자로만 생각하는 사람과 경제학자'를 불신하며, 급작스런 개혁은 진보를 알리는 횃불이기보다는 모든 것을 삼켜버리는 대화재일 수도 있다는 관점을 견지하는 보수주의적 태도가[125], 김근주 박사가 주장하고 있는 '틀과 구조'의 사회구성체에 꼭 필요한 복음이 아닐까, 라는 생각을 필자는 하게 되는 것이다.

굳이 한마디를 더하라면 자본주의는 '탐욕'으로, 사회주의는 '평등'이라는 이분법으로 설교하고 생각하지 않았으면 하는 마음이 간절하다. '탐욕'은 자본주의의 속성이 아니라 타락한 인간 보편의 속성이다. 이 명제는 '조국 사태'가 웅변하고 있지 않은가? 제도를 바꾼다고 사람이 바뀌지 않는다. 제도를 바꾸겠다고 설친다고 사람이 바뀌지 않는다.

> 마르크스주의에서 동기부여의 문제는 아직도 해결되지 않았다. 1917년 혁명(볼셰비키 혁명−필자 주)에서 볼 수 있듯이 구조의 변화는 율법의 변화(즉, 외부로부터 사람들에게 부여되는 요구의 변화)에 지나지 않는다.

---

125) 러셀 커크 지음, 이재학 옮김, 『보수의 정신』(지식노마드, 2018), 65−66면.

율법은 악을 압박할 수는 있으나 선을 창조해 내지는 못한다. 그것은 율법의 부정적인 특성 때문이다. 혁명 후에 제정된 소유권에 관한 새로운 법은 소유권에 대한 사람들의 태도를 변화시키지 못했다. 이런 사실에 대한 증거는 소련의 신문이나 위에서 언그반 일리쵸프의 연설 등에서 많이 찾아볼 수 있다. 사유재산권 폐지가 사유재산을 획득하려는 인간의 본능, 또는 더욱 많이 소유하려는 인간의 본능을 말살시키지는 못한다. 새로운 법은 확실히 이러한 본능의 활동을 억제하기는 하지만 동시에 그것은 법에 대항한 개인의 지속적인 투쟁, 즉 법망을 피해 가려는 계속적인 노력을 야기시킨다. 법(이것은 사도 바울의 신학에서 뚜렷이 드러난다)이란 인간의 저항성을 북돋는 것이다. 법은 타락한 자들을 교육할 때에만 적용되는 것이다. 강제는 인간을 지속적으로 또 근본적으로 변화시킬 수 없는 것이다. 강제는 옛 피조물과 끊임없이 투쟁하게 하는 원인이 된다. 물론 법은 필요하나 그 이상으로 내부적 동기의 변화가 필요한 것이다.126)

복음은 복음 자체이시자 말씀이신 예수 그리스도를 인격적으로 만나는 것이다. 정치적 정의와 평등의 체계를 만들어낸다고 사람이 바뀌고 사회가 바뀌지 않는다. 복음은 예수 그리스도를 믿는 개인들이 자신이 속한 영역에서 하나님의 말씀에 순종함으로 그 영역마다 하나님의 통치가 이루어지고 하나님의 영광이 드러나는 것이다. 공의는 하나님 자신이 공의이시고 그분의 입에서 나오는 말씀이 공의이다.

---

126) 크라우스 보크무엘 지음, 이종윤 편역, 앞의 책, 177~178면.

21. 너희는 알리며 진술하고 또 함께 의논하여 보라 이 일을 옛부터 듣게 한 자가 누구냐 이전부터 그것을 알게 한 자가 누구냐 나 여호와가 아니냐 나 외에 다른 신이 없나니 나는 공의를 행하며 구원을 베푸는 하나님이라 나 외에 다른 이가 없느니라
22. 땅의 모든 끝이여 내게로 돌이켜 구원을 받으라 나는 하나님이라 다른 이가 없느니라
23. 내가 나를 두고 맹세하기를 내 입에서 공의로운 말이 나갔은즉 돌아오지 아니하나니 내게 모든 무릎이 꿇겠고 모든 혀가 맹세하리라 하였노라"(「이사야」 45:21–23).

인간이 공의를 제작하고 생산하고 실현한다는 것은 그것 자체가 교만이고 착각이고 레프트 환타지다. 김근주 박사의 '복음의 공공성'은 '하나님 통치에 대한 부정'이며 거기서부터 마르크시즘의 혁명적 파토스를 산출해내는 양상을 보여준다. 이 양상은 포이에르바하에서 칼 마르크스로, 현대 좌파에게로 이어지고 있는 반(反)기독교 사상과 철학의 공식이다.

그러니까 김근주 박사의 '복음의 공공성'은 '복음'이라는 단어가 들어 있긴 하지만 예수 그리스도의 유일성을 부인하고 정경의 권위를 해체하는 논리를 품고 있다고 볼 수 있다. 따라서 그의 '복음의 공공성' 논리는 〈복음주의〉의 가장 핵심적인 전제들을 부정하고 있는 〈복음쥐〉의 성격을 갖고 있다고 봐야 한다. 성경의 권위와 예수 그리스도를 부인하

는 사고는 결코 〈복음주의〉가 될 수 없다.[127] 이데올로기의 명령을 받으면서 '복음'의 이름으로 〈복음주의〉의 영역에 알박기하기 위해 위장취업한 〈복음쥐〉라고 봐야 한다.

성서한국을 대표하는 강사들 중의 한 사람인 김근주 박사의 '복음의 공공성'은 손 교수 '윤리 이데올로기'의 외연적 확장이 궁극적으로 '하나님 통치에 대한 부정'과 반신론(反神論)으로 향하고 있음을 확인할 수 있게 한다. 이는 로잔언약의 정신과도 정면으로 배치되는 점이라고 봐야 한다. 복음과 사회적 행동 사이의 관계는 어느 한쪽을 삭제하거나 무시해서는 안 되기 때문이다. "(양자는—필자가 임의적으로 삽입) 실제로 둘 사이가 분리될 수 없다는 것이다. 그리고 그들은 상호 간의 상승하는 작용을 하여서, 서로 지원해주고 강력하게 한다. 게다가 복음화는 그것이 비록 중요한 사회적 의도를 갖지 않음에도 사회적인 면을 가지고 있고, 반면에 사회적 책임은, 비록 그것이 주로 복음주의적 의도를 가지지 않음에도, 복음주의적인 면을 가지고 있다."[128]

이런 관점에서 보면 김근주 박사의 '복음의 공공성'은 로잔언약에서 강조하는 두 가지 축, 즉 복음과 사회적 책임, 그 어느 것도 포괄하지 못한다고 봐야 한다. '복음의 공공성'이 〈복음쥐〉가 되는 것은 이데올로

---

127) 알리스터 맥그레스는 복음주의의 정체성의 근거로 다음의 네 가지를 말하고 있다. ① 경건과 신학에서 예수 그리스도, 특별히 십자가에서의 그분의 대속적 죽음에 초점을 둔다. ② 영성과 교리와 윤리에서 성경이 궁극적인 권위를 갖는다. ③ 삶을 변화시키는 종교적 체험으로서 회심 혹은 '새로운 탄생'에 강조점을 둔다. ④ 신앙의 나눔, 특히 복음 전도에 관심이 높다. [(알리스터 맥그레스, 김선일 옮김, 『복음주의와 기독교적 지성』(IVP, 2020), 26면.)

128) 르네 빠딜라, 이문장 옮김, 『복음에 대한 새로운 이해』(대장간, 2012), 35면.

기이면서도 〈복음주의〉 진영에 알박기하려는 위장전술을 사용하고 있기 때문이다. 주사파 출신 전향자들의 얘기를 들어보면 과거 주사파들 중에 한국교회를 파괴하기 위한 사명감을 품고서 신대원으로 간 사람들이 적지 않다고 하던데, 김근주 박사의 '복음의 공공성' 담론은 그 사고의 근원이 어디인지 매우 궁금하다.

예수 그리스도는 「요한복음」 11장 25절~26절에서 다음과 같이 말씀하셨다.

25. 예수께서 이르시되 나는 부활이요 생명이니 나를 믿는 자는 죽어도 살겠고
26. 무릇 살아서 나를 믿는 자는 영원히 죽지 아니하리니 이것을 네가 믿느냐

또 「요한복음」 14장 6절에서는 다음과 같이 말씀하셨다.

예수께서 이르시되 내가 곧 길이요 진리요 생명이니 나로 말미암지 않고는 아버지께로 올 자가 없느니라

복음에서 공공성을 찾고 성삼위일체의 신적 위상을 복음이라는 단어에서 삭제하려는 의도를 노골적으로 보이고 있는 김 박사의 '복음의 공공성'에는 부활이 없다. 길도 없고 진리도 없고 생명도 없다. 현대 문화가 지닌 죽음의 문화적 코드를 김 박사의 '복음의 공공성'은 적나라하게

보여주고 있다. 복음에서 공공성을 찾고 복음의 영광스러운 진리를 파괴하는 반신론적, 신성모독적 '복음의 공공성'은 죽음의 문화요, 바벨론의 문화요, 반생명적 문화논리다. 그래서 〈복음쥐〉다.

• Chapter 7 •

청년들이 〈복음주의〉와
〈복음쥐〉를 분별할 때
한국교회가 살고
대한민국의 미래가 열린다

청년들이여, 부디
〈복음주의〉와 〈복음쥐〉를
분별하시라

이상에서 윤리를 중시하고 강조하는 몇몇 분들의 담론을 분석해서 〈복음주의〉와 〈복음쥐〉가 어떻게 뒤섞이고 혼돈되고 오해되는 것인지에 대해 살펴보았다. 심지어 자신이 복음주의자라는 확고한 자의식을 지닌 목회자들의 담론에서조차 반(反) 복음주의적인 담론이 분석됨을 살폈다.

성경적인 의미에서 볼 때 의식적이든 무의식적든 이데올로기의 부름을 받고 그 이데올로기에 복무하는 담론을 생산하는 자는 엄밀한 의미에서 크리스천이 아니다. 어떤 직분을 갖고 있든 그는 무신론자이거나 의식적 무의식적 수준의 이데올로지스트다. 따라서 당연히 그는 교회 '밖'에 있다.

같은 맥락에서 프레임적 사고에 스스로 혹은 의식적으로 결박되거나 종속된 채 한국교회 전체를 비판하고 저주하며 경멸하고 부정하는 태도는 그 동기가 그 무엇에 근거하고 있든 〈복음주의〉가 아니라 〈복음쥐〉라고 필자는 진단한다. 윤리 혹은 개혁이라는 완장을 차고서 한국교회 전체를 함부로 정죄하고 판단했던 지난날 '윤리주의자'들의 담론은 이 시점에서 재평가되어야 한다. 어떤 의미에서는 이단보다 더 한국교회에 해악을 끼치는 담론일 수 있다고 필자는 진단한다. 멀쩡한 성도들을 '가나안' 성도들로 대량 생산하는 악행을 자신도 모르게 혹은 의식적으로 수행하고 있다고 필자는 진단한다.

로잔언약 이후 사회적 책임과 행동은 새의 두 날개처럼 상호 복음화의 동반자이고 기독교 선교 안에 연결된 것으로 복음주의권은 인식하고 있다. 이 양자의 관계는 "악은 인간의 마음 안에 존재할 뿐만 아니라 또한 사회적인 구조들 속에 〈…〉 교회의 사명은 복음의 선포와 복음의 증거 둘 다를 포함한다. 그러므로 우리는 복음을 전파하고, 인간의 필요에 반응하고, 사회적 변화를 강조해야 한다."라고 인식되고 있다. 하지만 양자 사이에 긴장관계가 상존하고 있음도 사실이다. 왜냐하면 양자 사이에는 로잔회의 초반부터 그랬듯이 알력과 긴장과 충돌이 있었고, 말처럼 그렇게 쉽게 조화되고 균형을 이룰 수 있는 속성이 아니기 때문이다.

그렇다면 이 양자를 포괄할 수 있는 기준은 무엇일까? 물론 복음주의가 그 기준이 되어야 한다. 이런 의미에서 필자는 여기서 「요한복음」 11장 25절~26절 말씀을 인용함으로써 하나의 기준을 제안하고자 한다.

25. 예수께서 이르시되 나는 부활이요 생명이니 나를 믿는 자는 죽어도 살겠고
26. 무릇 살아서 나를 믿는 자는 영원히 죽지 아니하리니 이것을 네가 믿느냐

복음주의의 기준은 당연히 예수 그리스도다. 부활이고 생명이신 예

수 그리스도다. 길이요 진리요 생명이신 예수 그리스도가 기준이다. 복음화든 사회적 책임 혹은 행동이든 그 주체나 집단에 부활이요 생명이신 예수 그리스도가 계시는가 아닌가, 이게 기준이 되어야 한다. 부활이요 생명이신 예수 그리스도가 있다면 복음화든 사회적 책임이든 그건 생명의 문화다. 반면 부활이요 생명이신 예수 그리스도가 없다면 그게 복음화든 사회적 행동이든 그건 죽음의 문화다. 〈복음주의〉는 생명의 문화인 반면, 이데올로기의 명령에 복무하는 〈복음쥐〉는 죽음의 문화다.

〈복음주의〉의 생명 문화에는 창조, 타락, 십자가, 부활, 재림의 메시지가 생명으로 성경적으로 살아 숨 쉬고 있다. 반면 〈복음쥐〉의 죽음 문화에는 창조가 없고 그래서 타락이 없고, 그래서 인간들은 한없이 잘났고 '즈네들이' 하는 일마다 영광이고 자화자찬이다. 교만이다. 그래서 죽음의 문화인 것이고 심판날 멸망할 문화인 것이다. 「요한복음」 10장 9절 말씀이 귀하다.

내가 문이니 누구든지 나로 말미암아 들어가면 구원을 받고 또는 들어가
며 나오며 꼴을 얻으리라

이데올로기와 바리새적 나르시시즘은 양의 문이 아니다. 예수 그리스도가 양의 문이다. 이데올로기와 바리새적 나르시시즘을 복음주의 가치보다 위에 두는 사고는 죽음의 문화에 속하는 것임을 이 땅의 청년

들이여 부디 기억하시기 바란다.

청년들이여, 부디 〈복음주의〉와 〈복음쥐〉를 분별하시라. 윤리 혹은 개혁이라는 완장을 차고서 화려한 지식과 수사학을 담은 프레임과 이데올로기의 담론으로 '윤리적 본능'만을 집중적으로 자극하는 입술들에 현혹되지 마시기를 권면한다. 예수 그리스도의 복음이 없는 윤리는 기독교윤리가 아님을 부디 기억하시라. 바리새적 나르시시즘과 레프트판타지에 사로잡힌 자들이 자신의 입에서 뱉어내는 말들을 감히 하나님의 정의나 공의라고 주장하는 소리에 속지 말기를 부탁드린다. 「요한복음」 10장 1절~5절에서 예수께서는 이렇게 말씀한다.

1. 내가 진실로 진실로 너희에게 이르노니 문을 통하여 양의 우리에 들어가지 아니하고 다른 데로 넘어가는 자는 절도며 강도요
2. 문으로 들어가는 이는 양의 목자라
3. 문지기는 그를 위하여 문을 열고 양은 그의 음성을 듣나니 그가 자기 양의 이름을 각각 불러 인도하여 내느니라
4. 자기 양을 다 내놓은 후에 앞서 가면 양들이 그의 음성을 아는 고로 따라오되
5. 타인의 음성은 알지 못하는 고로 타인을 따르지 아니하고 도리어 도망하느니라

청년들이여, 사회과학을 '과학적'이라고 착각하지 마시라. 사회과학은

객관적으로 사회현상을 기술하고 설명하는 영역이 아님을 기억하시라. 사회과학의 모든 전제에 영적인 의미가 내포되어 있음을 기억하시라. 이걸 분별하는 게 중요하다.[129] 사회과학 독서도 성경의 권위 아래 통제되어야 한다는 말이다.

알리스터 맥그레스는 『복음주의와 기독교적 지성』이라는 제목의 책 서문에서 "복음주의는 오랫동안 무대 뒤에 머무르면서 철저하게 수세적인 입장에 있었다. 그러나 이제는 학문 세계 안에서도 당당한 위치를 차지하고 현대 사회의 지식인들에게 진지한 지적 대안으로 발돋움할 수 있을 만큼 부단하게 노력해왔다."라고 진단하고 있다.[130]

필자는 그의 이런 지적이 이제 이 땅에서도 유효하고 절실하다고 본다. 맥그레스는 계속해서 "그래도 전반적으로 볼 때 복음주의는 지적인 세계에 깊이 관여하기 위한 진지한 수고를 기울이지는 않았다. 신자들로 하여금 구체적인 기독교적 사고 체계 안에서 현대 학문과 문화의 총체적인 스펙트럼을 조망하도록 사고하도록 하는 훈련을 시키지 않는 것

---

129) 간단한 예를 들면 마르크스주의자들은 사용가치와 교환가치의 구분을 매우 중요하게 생각한다. 사용가치가 본질적인 것이고 교환가치는 비본질적으로 설명된다. 그래서 자본주의는 본질적인 사용가치보다 비본질적인 교환가치가 가치를 결정하는 타락한 사회라고 설명한다. 그런데 유용성으로서의 사용가치는 어디에서 온 것인가? 하나님의 창조에서 비롯된 것이다. 그러니까 그들이 말하는 사용가치보다 더 근원적이고 본질적인 것이 하나님의 창조가 아닌가. 그런데 이런 성경적 전제 없이 사용가치를 본질적으로 간주하는 유물론적 독서는 그 자체가 영적인 의미를 갖게 된다. 물론 성령이 아니고 인본주의의 영이며 이데올로기적이며 궁극적으로 마귀적인 것이다.

130) 알리스터 맥그래스, 김선일 옮김, 『복음주의와 기독교적 지성』(IVP, 2020), 11면.

이다."라고 반성하면서 "'복음주의적 지성'은 정치나 일과 같은 삶의 많은 국면들을 포괄하면서도 그 궁극적인 기초는 하나님의 성품과 목적에 대한 이해에 두어야만 한다."라고 강조하고 있다.[131] 이런 관점에서 앞으로 한국교회도 '복음주의적 지성'으로 무장된 청년들이 많이 세워져서 한국교회를 세우고 지키며 부흥시켜야 한다는 게 필자의 간절한 소망이고 기도제목이다.

최근 『성경적 세계관』이라는 제목의 책을 낸 이정훈 교수는 필자가보기에 복음주의적 지성의 지평을 이 땅에서 새롭게 열어나갈 개척자의 자격을 충분히 갖추고 있다고 판단된다. 복음주의는 추상적인 성경지식만으로 구현되지 않는다. 부활의 예수 그리스도가 성령으로 내 안에 오셨음을 믿고 매 순간 그분과 교제하며 그분과 동행하는 삶이 복음주의의 삶이다. 「요한복음」 15장 4절~5절은 말씀한다.

> 4. 내 안에 거하라 나도 너희 안에 거하리라 가지가 포도나무에 붙어 있지 아니하면 스스로 열매를 맺을 수 없음 같이 너희도 내 안에 있지 아니하면 그러하리라
> 5. 나는 포도나무요 너희는 가지라 그가 내 안에, 내가 그 안에 거하면 사람이 열매를 많이 맺나니 나를 떠나서는 너희가 아무 것도 할 수 없음이라

---

131) 앞의 책, 11~12면.

예수 그리스도를 인격적으로 만나지 않는 복음주의는 없다. 그건 〈복음쥐〉다. '그가 내 안에 내가 그 안에 거하면' 〈복음주의〉다. 그런데 이데올로기 안에, 바리새적 나르시시즘 안에 거하면 그건 〈복음쥐〉다. 「요한복음」 6장 35절에서 예수 그리스도께서 말씀하신다.

35. 예수께서 이르시되 나는 생명의 떡이니 내게 오는 자는 결코 주리지
   아니할 터이요 나를 믿는 자는 영원히 목마르지 아니하리라

말씀을 생명의 떡으로 먹는 자들만 〈복음주의〉다. 이데올로기나 바리새적 나르시시즘을 양식으로 먹는 자는 순전한 〈복음주의〉일 수 없다. 그러니까 〈복음쥐〉다.

복음은 신비한 비밀이다. '비밀(헬라어-히스테리온)'은 '신비'로도 번역된다. 복음은 본래 삼위일체 하나님의 섭리 속에 감추어져 있었다. 그점에서 복음은 비밀이다. 그 너비와 길이와 높이와 깊이를 인간의 이성으로 파악할 수 없다는 점에서 신비다. 이 신비한 비밀은 아무에게나 허락되지 않는다. 특별히 택하신 백성에게만 그것이 믿어지는 은혜를 주신다. 이 신비한 비밀을 알게 된 사람은 자신의 모든 것으로 전인격적으로 하나님을 찬양하고 그분과 동행하는 삶을 살게 된다. 목숨을 걸고 진리를 파수하며 복음을 전파하게 된다.

이 땅의 청년들은 복음주의적인 메시지가 선포되는 교회에 출석하고, 복음주의적인 말씀을 늘 읽고 묵상하고 복음이신 예수 그리스도와 매 순간 동행하고 교제하며 기도하는 삶을 살아야 한다.

주님과의 이런 인격적 관계 속에서 청년들이 세상의 빛과 소금의 역할을 감당해나갈 때, 한국교회가 살아나고, 대한민국이 살아나며, 한반도가 복음 안에서 통일되고, 한반도가 세계선교의 중심이 될 것이다. 그러기 위해서는 청년들이여, 부디 〈복음주의〉와 〈복음쥐〉를 분별하시는 안목을 갖추시게 되기를 바란다.

"너는 청년의 때에 너의 창조주를 기억하라 곧 곤고한 날이 이르기 전에, 나는 아무 낙이 없다고 할 해들이 가깝기 전에 해와 빛과 달과 별들이 어둡기 전에, 비 뒤에 구름이 다시 일어나기 전에 그리하라"
(「전도서」 12:1-2)

청년들이여, 부디 복음주의와 복음쥐를 분별하시라!

초판 1쇄 2022년 8월 25일

지은이 박남훈
발행인 박남훈
교정/교열 전재진
마케팅 이연실
디자인 박효은

발행처 도서출판 세컨리폼
제작대행 도서출판 지식공감
등록번호 제2015-000007호
주소 부산시 금정구 금강로279번길61 장전현대2차아파트 1706호
전화 051-753-1583
팩스 051-558-6770
이메일 pnahoo@hanmail.net

가격 15,000원
ISBN 979-11-952540-7-1   03230